Taijiao Baike Tupu

胎教百科图谱

岳然/编著

中国人口出版社
China Population Publishing House
全国百佳出版单位

胎教百科图谱
LaDies MaN

科学研究表明：进行过系统胎教的孩子比没有进行过胎教的孩子，其智商和情商都要有更明显的优势，不仅情绪稳定，语言能力更强，更早学会抬头、翻身、爬、坐、走等，学习兴趣也更高，喜欢听妈妈讲故事，还容易显露出音乐、绘画方面的天赋。

系统地进行胎教是胎教成功的关键，需要你花时间去付诸实施，并每天坚持。胎教并非严肃的说教，而是一种身心愉悦的体验，合适的胎教就是能吸引你去关注的胎教，不仅关照到怀胎期间胎儿的健康成长，而且你的衣、食、住、行、保健，也应该富有趣味。

当你读着本书中一段段优美的文字、朗诵着一首首朗朗上口的诗歌、聆听着一个个醉人的乐曲、欣赏着一幅幅美妙画作的时候，当你一起和胎儿游戏玩耍、讲故事、看笑话、猜谜语的时候……当那么多快乐的时光悄然开启后，我们相信，胎教已经在你的快乐时光中悄无声息地展开了。

本书还针对胎儿的发育情况和孕妈妈在此阶段的需求，在营养、保健、生活上给予了最贴心、最细致的指导，提示你每一周需要做的事情，操作性强。

我们希望用最有趣的胎教方法、最贴心的孕期提示、最具操作性的孕期指导，陪你轻松快乐地走过孕程40周，获得最好的胎教效果，培育一个更高智商、情商的宝宝。

目录

第1个月 小种子发芽了

第1周

第2周

Mickey Mouse
Magazine

第10周

第11周

第12周

第4个月 我会吮手指头了

第13周

第14周

第15周

第16周

第5个月　我听到爸爸妈妈的声音了

第17周

孕妈妈和胎儿身体变化

孕妈妈营养与保健

轻松胎教方案

第18周

孕妈妈和胎儿身体变化

孕妈妈营养与保健

轻松胎教方案

第19周

孕妈妈和胎儿身体变化

孕妈妈营养与保健

轻松胎教方案

第20周

孕妈妈和胎儿身体变化

孕妈妈营养与保健

轻松胎教方案

第6个月 我是小运动健将

第7个月　我会做梦了

第8个月 我能感受初升的太阳了

第9个月 我在飞快地长大

第33周

孕妈妈和胎儿身体变化

孕妈妈营养与保健

轻松胎教方案

第34周

孕妈妈和胎儿身体变化

孕妈妈营养与保健

轻松胎教方案

第35周

孕妈妈和胎儿身体变化

孕妈妈营养与保健

轻松胎教方案

第36周

孕妈妈和胎儿身体变化

孕妈妈营养与保健

轻松胎教方案

第10个月 爸爸妈妈我来啦

MCMXVIII
AERI

第1个月

小种子发芽了

怀孕以后，孕妈妈的整个身体变化都会服从于胎儿发育。孕早期，大量的激素在怀孕的刺激下产生，它们为今后胎儿的发育做着准备。激素同时会让孕妈妈乳房增大，变得柔软，乳头颜色变深；子宫变大，有些孕妈妈体重增加迅速。

怀孕第1个月指从末次月经的第一天开始的4周。其实前两周妊娠尚未开始，到4周末一般仍没有任何感觉，也没有妊娠反应，就是去做妇科检查，也不会发现子宫有什么变化，尿妊娠实验往往也是阴性的，到下个月这一切都会发生变化。

第1周

孕妈妈和胎儿身体变化

如果你和丈夫做出了要一个健康宝贝的决定，那就选择你们身体健康的时期开始吧!这一周也许你会经历生命中最大的变化，从现在开始你将进入一个全新的时期，你将成为一个孩子的妈妈。祝你好运!

你可以自己测算排卵周期，即月经周期。主要方法是基础体温法，即每天早晨醒来后身体不做任何运动，用体温表测出体温。坚持做一个月后，就可以制成一个曲线的基础体温表。一般排卵期的体温会升高0.3℃ ~0.5℃，根据基础体温表，在排卵期你就可以做好迎接新生命的准备了。

许多孕妈妈都是在不知不觉中怀孕的，在孕早期由于不知道身体的变化，经常性地做剧烈运动，在生病时还吃一些违禁药品，给腹中的胎儿造成一些伤害。因此，我们主张有计划地怀孕，在准备怀孕期间，你可以和丈夫寻找一些轻松浪漫的话题，使自己的心情放松，在一个良好的状态里孕育新生命。还应注意要远离烟酒，因为烟酒会造成精子或卵子的畸形，使得孕妈妈一开始在体内获得的就是异常受精卵。夫妻二人还要保持健康的心态，不要在剧烈运动或十分劳累的状态下受孕，也不要接近有毒物品，如农药、麻醉剂、铅、汞、镉等，以及照射X光等放射性物质。

一个健康活泼的新生命需要你们的精心培育，从现在做起吧!

孕妈妈营养与保健

孕前检查有哪些

孕前检查主要检测对象是生殖器官以及与之相关的免疫系统、遗传病史等。一般体检不能代替孕前检查。孕前检查对顺利怀上以及分娩出一个健康宝宝有重要作用，为了生育一个健康宝宝，孕前检查是很有必要的，准父母们不要忽视哦！

检查一：生殖系统

检查内容：通过白带常规筛查滴虫、霉菌、支原体衣原体感染、阴道炎症，以及淋病、梅毒等性传播性疾病。

检查目的：是否有妇科疾病，如患有性传播疾病，最好先彻底治疗，然后再怀孕，否则会引起流产、早产等危险。

检查时间：孕前任何时间。

检查二：脱畸全套

检查内容：包括风疹、弓形虫、巨细胞病毒三项。

检查目的：一旦感染，特别是妊娠头三个月，会引起流产和胎儿畸形。

检查时间：孕前三个月。

检查三：肝功能

检查内容：肝功能检查目前有大小功能两种，大肝功能除了乙肝全套外，还包括血糖、胆质酸等项目，比较划算。

检查目的：如果母亲是肝炎患者，怀孕后会造成胎儿早产等后果，肝炎病毒还可直接传播给孩子。

检查时间：孕前三个月。

检查四：尿常规

检查内容：尿液。

检查目的：有助于肾脏疾患的早期诊断，10个月的孕期对母亲的肾脏系统是一个巨大的考验，身体的代谢增加，会使肾脏的负担加重。根据肾脏病的程度和症状不同，确定是否可以妊娠、分娩。

检查时间：孕前三个月。

检查五：口腔检查

检查内容：如果牙齿没有其他问题，只需洁牙就可以了，如果牙齿损坏严重，就必须拔牙。

检查目的：考虑到治疗用药对胎儿的影响，及早治疗，避免伤害胎儿。

检查时间：孕前六个月。

检查六：妇科内分泌

检查内容：包括促卵泡成熟激素、促黄体生成素等6个项目。

检查目的：月经不调、卵巢囊肿等卵巢疾病的诊断。

检查时间：孕前三个月。

检查七：ABO溶血

检查内容：女性血型为O型，丈夫为A型、B型，或者有不明原因的流产史的夫妇，应该做血型和ABO溶血滴度检查。

检查目的：避免婴儿发生溶血症。

检查时间：孕前三个月。

检查八：染色体异常

检查内容：有遗传病家族史的育龄夫妇，必须做染色体检查，最好丈夫和妻子一起做。

检查目的：排除遗传性疾病。

检查时间：孕前三个月。

食物中摄取叶酸

叶酸对人体的营养作用早在1948年即已得到证实。研究还表明，如在怀孕头三个月内缺乏叶酸，可导致胎儿神经管发育缺陷，从而增加裂脑儿、无脑儿的发生率。其次，孕妈妈补充叶酸，可防止新生儿体重过轻、早产以及婴儿腭裂(兔唇)等先天性畸形。

叶酸要不要提前补充，要不要补充，一直以来没有定论。对于认为需要补充的孕妈妈，可遵医嘱补充，对于存有异议的孕妈妈，可多补充含叶酸的食物。

绿色蔬菜：莴苣、菠菜、龙须菜、花椰菜、油菜、小白菜、青菜、扁豆、豆荚、西红柿、胡萝卜、南瓜、蘑菇等。

新鲜水果：橘子、草莓、樱桃、香蕉、柠檬、桃子、李、杏、杨梅、海棠、酸枣、山楂、石榴、葡萄、猕猴桃、梨、胡桃等。

动物食品：动物的肝脏、肾脏、禽肉及蛋类，如猪肝、牛肉、羊肉、鸡肉、蛋黄等。

豆类、坚果类食品：黄豆、豆制品、核桃（包括核桃油）、腰果、栗子、杏仁、松子等。

谷物类：全麦面粉、大麦、米糠、小麦胚芽、糙米等。

特别推荐猕猴桃，猕猴桃中含有高达8%的叶酸，有“天然叶酸大户”之美誉。孕妈妈在孕前或怀孕初期，如常吃猕猴桃，有助于防止胎儿各类生育缺陷和先天性心脏病。

由于叶酸遇光、遇热就不稳定，容易失去活性，所以人体真正能从食物中获得的叶酸并不多。如蔬菜贮藏2~3天后叶酸损失50%~70%；煲汤等烹饪方法会使食物中的叶酸损失50%~95%；盐水浸泡过的蔬菜，叶酸的成分也会损失很大。因此，人们要改变一些烹饪习惯，尽可能减少叶酸流失，还要加强富含叶酸食物的摄入。

远离致畸因素

我们来看一下导致胎儿畸形的原因有哪些。

1 孕期滥用药物。 女性在受孕期滥用药物，会直接影响体内胎儿的生长发育，有时也会造成早产、流产或死胎等现象，所以一旦发现怀孕必须进行仔细检查或者放弃怀孕。

2 孕期感染病毒。 感染病毒不仅会影响母体的健康，而且也会对胎儿构成一定的危险。

3 孕期性生活无度。 怀孕对女性来说不能跟完成任务一样，怀上了就算万事大吉了，毕竟卵子和精子都有一个生长周期，所以频繁性生活孕育的胎儿质量不会很高，而且很容易流产或早产。

4 孕期过度疲劳或大喜大悲。 休息不好、精神压抑，都会影响卵子与精子的结合。过度疲劳会使胎儿脑供氧不足，影响胎儿发育。

5 孕期大量吸烟、酗酒。 孕妈妈吸烟会使胎儿发育迟缓，体重下降，容易早产或患先天性心脏病，还影响孩子的智力。孕妈妈酗酒，会使胎儿得胎儿酒精中毒综合征，引起胎儿畸形。

6 孕期接触有害、有毒物质。 孕妈妈过多地接触化学农药、铅、X射线等会使胎儿畸形，也可能会使胎儿患白血病、恶性肿瘤等疾病。

7 孕期玩猫、狗等宠物。 有可能使孕妈妈感染上各种病菌，如弓形体感染菌，并直接传染胎儿，使胎儿畸形。

8 年龄35岁以上的孕妈妈。因卵子老化，染色体容易发生突变，产生胎儿先天性畸形或先天愚型儿的危险性较大。

9 生过无脑儿、脊柱裂或其他畸形胎儿的妇女。再次怀孕后，应进行产前检查和遗传咨询。因为她们再次生育同类异常孩子的危险性较一般孕妈妈高得多。

10 惯性流产、多次胎死宫内的妇女。再次怀孕后，要进行相关项目检查。因为这种情况有可能是由夫妇一方或双方染色体异常引起的，再次怀孕，仍可出现畸形儿。

11 夫妻中有先天性代谢性疾病的患者，或孕妈妈本人曾生育过代谢性疾病患儿。

12 双方均为同一种地中海贫血患者。因此要预防胎儿畸形，首先就要避免以上情况，在源头阻止胎儿畸形的发生。当夫妻有了要小宝宝的想法后，要想到小宝宝随时都有来到的可能。请先想想，是否小宝宝已经悄然来临了。千万不要事前马虎粗心，事后发现时又焦虑万分，毕竟谁也不能给你百分之百的答复。

轻松胎教方案

一周胎教要点

营养胎教，为了给胎儿提供更健康的孕育环境，孕妈妈要调整饮食习惯，一定要吃早餐，三餐要定时定量，并且可以在上下午临睡前各加餐一次，做到少食多餐，保证营养的供应。

现代胎教的依据：优境学

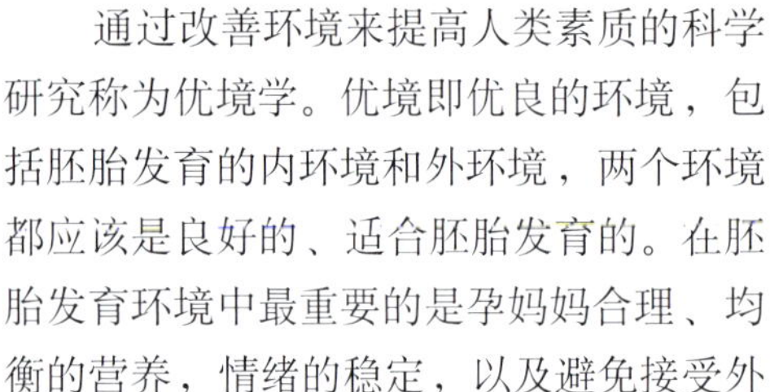

通过改善环境来提高人类素质的科学研究称为优境学。优境即优良的环境，包括胚胎发育的内环境和外环境，两个环境都应该是良好的、适合胚胎发育的。在胚胎发育环境中最重要的是孕妈妈合理、均衡的营养，情绪的稳定，以及避免接受外界不良因素影响。

均衡的营养

孕妈妈的饮食首先应均衡，应含有足够的动植物蛋白质、氨基酸及适量的碘，这些对胎儿大脑及全身发育有极好的作用，使胎儿的遗传素质得到进一步发挥和发展。

稳定的情绪

孕妈妈与胎儿之间由血液中的化学成分沟通，孕妈妈的情绪直接影响内分泌的变化，而内分泌又经血液流到胎儿体内。孕期保持情绪稳定、心情舒畅及劳逸适度，这些平和愉快的情绪会以一种奇妙的内循环方式传达给胎儿，给小宝宝一种安全感及舒适感，从而促进其健康地发育。如果孕妈妈的情绪过于焦虑，其体内的肾上腺髓质激素的分泌量会增多，会通过血液给胎儿以不良影响，严重时有可能致畸，比如兔唇。

身体环保，内外兼顾

孕妈妈要避免病毒感染、接触放射线及有害化学物质。特别是在孕早期，孕妈妈如果患有风疹或病毒性感冒，或是接触有害因素后可能会导致胎儿畸形；在孕中晚期接触有害因素会引起胎儿功能障碍，乃至身体智力发育迟缓。而一个鸟语花香、空气清新的环境，会给子宫内的胎儿输入清洁的氧气，让胎儿的成长充满喜悦。

贴心指导

孕妈妈的修养、兴趣、爱好以及与准爸爸的融洽关系，都能影响到胎儿生存的环境。孕妈妈丰富的生活、美满的爱情、满意的事业以及良好的情趣，都会使胎儿的外环境稳定，从而让胎儿在未出生时就有一种幸福感。

运动胎教：散步

孕妈妈在运动时动作要舒缓，放慢节奏，并且要注意保暖，防止感冒，以免影响受孕。

散步是一项对于孕妈妈来说最好的运动，也是整个孕期最安全的活动方式。如果孕妈妈不经常运动，请从散步开始，如果有散步习惯，一定要继续保持。

散步能有效增强母胎健康

1 散步不仅能帮助孕妈妈呼吸到室外的新鲜空气，调节情绪，还能够提高神经系统和心、肺的功能，促进身体的新陈代谢。

2 散步可以帮助保持体重，而且节奏相对稳定的步行，可以使腿部、腹壁、胸部及心肌运动加强，血管容量增大，血液循环加快，对身体细胞的营养，特别是对心肌的营养有很好的促进作用。

3 长期坚持散步对促进宫内胎儿的发育大有好处，为以后的正常分娩也打下了良好的基础。

散步时间以半小时为宜

散步的时间，控制在30分钟左右即可，如果怀孕前很少运动，开始散步的时候先慢慢走，然后逐渐增加至20~30分钟的快步走，也可以先快走几分钟，再慢走几分钟，交替进行。

早晨散步的话，最好是等到日出之后再出去，日出前空气中的有害物质较多。如果是晚上散步，可以选择8点以后，那时马路上的车辆相对较少。

最好一周运动3次以上，最重要的是坚持运动，偶尔运动一次难以受益。

散步宜去公园、林荫道

散步地点最好选择绿色植物较多、尘土和噪声较低的地方。这些地方空气清新，氧气含量高，比如空气清新的公园、林荫绿地、干净的水塘湖泊边等。

如果没有以上条件，可去车辆相对较少的街道散步，尽可能不要在污染较大的马路和大街上、人群嘈杂的商场和闹市中散步，这样的地方汽车尾气多，马达的轰鸣声、刺耳的高音喇叭声等都会对孕妈妈和胎儿的健康造成极为不利的影响。

孕期各阶段的散步建议

1 孕早期：这个时候不需要对平日散步的习惯做太多调整，只要确保穿着适合散步的鞋，以便给双脚必要的支撑。

2 孕中期：这个时期动作比较笨拙，散步时要注意姿势，以免拉伤背部。正确的姿势是抬起头，下巴水平，挺胸，不要驼背，眼睛向前看，摆动双臂，以保持平衡和加强锻炼效果。

3 孕晚期：这个阶段应尽可能坚持散步，但考虑到肚子已经很大，甚至站立时已经看不到自己的脚了，所以要避免远足，不要在任何不平坦的路段上散步，以免身体失去平衡。

贴心指导

室外很热很潮湿时，不管什么时段都应取消散步计划，过热对胎儿安定十分不利，散步时一定要带上一瓶水，防止脱水引起体温升高。

营养胎教：助孕食物

计划怀孕的爸爸妈妈可以多吃以下食物来提高生育能力：

动物内脏	这类食品中含有较多量的胆固醇，其中，约10%是肾上腺皮质激素和性激素，适当食用这类食物，对增强性功能有一定作用
含锌食物	各种植物性食物中含锌量比较高的有豆类、花生、小米、萝卜、大白菜等；各种动物性食物中，以牡蛎含锌最为丰富，此外，牛肉、鸡肝、蛋类、羊排、猪肉等含锌也较多
富含精氨酸的食物	精氨酸是精子形成的必需成分，并且能够增强精子的活动能力，对男子生殖系统正常功能的维持有重要作用。富含精氨酸的食物有鳝鱼、海参、墨鱼、章鱼、木松鱼、芝麻、花生仁、核桃等

贴心指导

提高受孕概率不仅需要从饮食方面进行调整，生活习惯、环境因素、生理因素等都会影响受孕。现代一些女性的不良的穿衣习惯（比如穿T形内裤等），容易导致阴部发炎、瘙痒，感染各种炎症而无法受孕，孕妈妈应当引起注意。

准爸爸不可缺席

做好准备，迎接幸福的马拉松

十月怀胎，对孕妈妈来说，是一场幸福的马拉松。对准爸爸来说，也是一场全程参与，比体力、比耐力，甚至比财力、比关系的一场小战役。

为了孕育小宝宝，准爸爸做好准备了吗？你可以把一周胎教的心得体会，或胎教中的趣事记录下来，作为美好的记忆，将来与宝宝一起分享。

第2周

孕妈妈和胎儿身体变化

你的月经周期已经进入第二周，一般排卵期是在月经周期的第13~20天，因此在这个周末时，你的排卵期就会开始，可以开始给自己安排一下受孕前后的生活、工作、饮食、娱乐活动等，尽量不让自己和丈夫过于匆忙。

制订一个比较详细的怀孕计划是很有用的，其中应包括工作安排、医疗保健、营养饮食以及家庭财务计划等，在此期间把身体和受孕时间调整到最佳时期。一般在卵子排出后15~18小时受精效果最好。

虽然现在你没有明确地知道自己是否怀孕，但怀孕计划是早就制订好的，因此现在要加强营养，多吃富含叶酸的食品。

孕妈妈营养与保健

最佳怀孕时间

最佳生育年龄

按照我国婚姻法规定，男子结婚不得早于22周岁，女子不得早于20周岁。这个年龄期，生理发育和心理成熟度都是有利于人体健康的。只有在适当的年龄结婚，才可以“孕而育、育而子坚壮强寿”，保证受孕成功，胎儿发育正常，出生后身体健康。一般来说怀孕与生育的最佳年龄段在24~27岁。

最佳生育季节

一般来说，冬天出生的孩子，在半年时间内，通过先天的免疫期，可以抗拒春流感及其他疾病的传染。而到夏天时，孩子已具有一定的生活能力，可以抵挡夏天的炎热和疾病。春天出生的孩子，在半年的先天免疫期内，可以抗拒夏天高温引起的不适，以及多种细菌的侵蚀。

从胎儿的发育来看，怀孕的最佳月份是4~7月。因为受孕后第3个月正是胎儿大脑皮层开始形成阶段。而大脑皮层纹沟的多少与深浅是形成孩子智力高低的物质基础。在这几个月怀胎，3个月后，孕妈妈食欲增加，瓜果、蔬菜供应充足，便于孕妈妈充分吸取维生素和矿物质，对胎儿摄取某些微量元素也有很大好处，有益于胎儿的健康成长和大脑发育。

孕期饮食禁忌

避免含咖啡因的饮料和食品

避免吃辛辣食物

避免饮酒

避免吃过多的糖

避免吃味精

避免吃人参、桂圆

避免吃腌制食品

过敏性体质的人慎食致敏食品

避免吃各种含食品添加剂、色素、防腐剂的食品

停止酗酒、吸烟，远离二手烟

轻松胎教方案

一周胎教要点

情绪胎教，现在是受孕的关键时期，孕妈妈一定要保持内心宁静、愉悦，为受孕做好准备。

胎教方法全介绍

情绪胎教

情绪胎教就是通过阅读一些优美文字、接触优美音乐、和别人交流、做一些自己感兴趣的事情等方式，让孕妈妈获得幸福感，进而产生积极有益的内分泌物质，带给胎儿最好的精神营养。

运动胎教

运动胎教一方面是孕妈妈通过适量的运动，促进胎儿大脑及肌肉的健康发育，并且保证正常妊娠及顺利分娩；另一方面是适当地对胎儿进行运动刺激和训练，促进胎儿的身心发育。

营养胎教

营养胎教指根据孕妈妈和胎儿的不同变化，补充相应的必需营养，保证孕妈妈营养全面、食物多样，进行有规律的饮食。

语言胎教

语言胎教指孕妈妈充满感情地给胎儿朗读和讲话，对胎儿进行适当的语言刺激，可以加快胎儿的智力发育，为其出生后的教育打下基础。孕妈妈做语言胎教要注意将形象和声音同时传递给胎儿，以加深胎儿的理解和记忆。

音乐胎教

音乐胎教一方面指通过收听轻音乐，让孕妈妈精神愉悦、心情舒畅；另一方面指孕妈妈用柔和的声调哼唱轻松的歌曲，同时想象胎儿在聆听，从而达到和胎儿的共鸣。

美学胎教

美学胎教指孕妈妈欣赏艺术作品的美、享受自然与生活之美，获得美的感受，并通过神经传导输送给胎儿，对胎儿进行美学培养。美学胎教对孕妈妈自身的修养和情绪的调节也很有好处。

知识胎教

知识胎教指孕妈妈从最简单的数字和认图形、辨颜色开始，系统地、循序渐进地进行数字训练、图形训练、颜色训练、文字训练、拼音训练、英语训练及一些百科知识的讲解等。

意念胎教

意念胎教指孕妈妈不受时间和形式的限制，随时展开想象，设想小宝宝的形象，传递自己对胎儿的美好期盼。这种想象通过孕妈妈的意念，转化并渗透到胎儿的身心之中。

情绪胎教：保持内心的宁静

宁静的心情有利胎教

对孕妈妈来说，其精神状态和心理情绪不好，不仅对自己的身体有害，而且影响胎儿的健康发育。因此，在孕期注意保持心绪宁静，对胎教十分重要。

早在2000多年以前，我国医学中就有“喜、怒、忧、思、悲、恐、惊”七情在疾病中发生作用的记载。我国古代的“胎教之说”也特别强调孕妈妈心境对胎儿的影响。因此人们主张，孕妈妈应心境平和，善于修身养性，喜怒哀乐有节制。“和调则胎安，气逆则胎病，恼怒则气不顺，欲生好子者，必须先养其气。”于是古人提出了“宁静即胎教”的主张。由此可见，注意心境宁静对优生优育大有益处。

现代医学证明，人在受到意外惊吓或忧郁沉闷时，其内分泌会发生变化，进而影响人的身体脏腑功能，甚至导致疾病缠身。例如，一个人突然遭到恐吓时，全身处于应激状态，体内迅速分泌一些激素，并作用于人体的各个系统，脸色会立即变白，手脚发软，心跳加速，血压骤升，语言结巴，两眼发直，这是因为心理应激反应而引起的全身性生理应变准备。当这种恐吓消除之后，突变的生理过程会逐渐平复，身体也会慢慢恢复到原来的状态。若是一个人经常受到这种强烈的刺激，如夫妻不和、吵嘴怄气、事业不顺等，很容易使生理反应过程变成病理过程，出现高血压、消化道溃疡等身心疾病。若孕妈妈心绪不好，更容易祸及大人和胎儿。

临床经验证实，妊娠10~15周左右，若孕妈妈情绪不安，且难以解脱，就可能导致胎儿发生唇裂或腭裂；若孕妈妈处于郁郁寡欢、闷闷不乐的心态中，有可能导致胎儿早产，或导致胎儿营养不足、发育不良；若孕妈妈受到惊吓而产生恐惧心理，也容易造成胎儿畸形或痴呆；若孕妈妈经常处于痛苦中，有可能造成胎儿先天疾病或反应迟钝。因此，在整个妊娠期间，孕妈妈不仅要控制自己的情绪，而且要善于调节自己的心绪，即便是遇到烦恼和挫折，也要千方百计摆脱，随时保持精神愉快轻松，形成一个胎教的最佳环境。

现实生活中，不如意事难免发生，并且孕妈妈由于激素的影响，也更容易激动，尤其面对另一半的时候，很容易发脾气。当一些不愉快的事情发生时，孕妈妈可尝试下面一些办法来保持内心的宁静。

听音乐

找一个安静的角落，放几首自己喜欢的乐曲，在音乐中释放紧张与不安，慢慢平复心情。这样不仅可以让自己放松下来，也可以顺便欣赏优美的音乐。

数数

如果感觉自己为某件事而生气，想要发脾气时，可以先努力让自己从一数到十，尽量慢慢数，只用几十秒钟的时间，你的心情可能就会平复下来。这是个不错的方法哦。

写日记

通过写日记把内心的不安、紧张、焦虑、愤怒等宣泄出来，在书写的过程中，慢慢地放下沉重的心情，使内心恢复平静，然后合上日记本，将不快完全忘记。

营养胎教：越吃越聪明的营养素

人的神经系统是智商的基础，神经系统在胚胎早期就开始发育，比其他器官及系统的发育都要早，因此，在整个孕期，孕妈妈可以多补充神经系统发育所需的营养，帮助胎儿完善脑部发育，孕育一个聪明宝宝。

孕期，你需要重点关注的大脑和神经系统发育所需营养有：

营养素	食物来源
维生素A	主要存在于动物肝脏中，鸡肉当中没有，植物性食物中也没有
维生素E	广泛存在于各种油料种子及植物油中
β-胡萝卜素	存在于深颜色的蔬菜水果中，如胡萝卜、南瓜等
DHA	也叫长链多不饱和脂肪酸，在深海鱼的脂肪组织和肝脏组织中含量丰富
磷脂	主要在动物肝脏和蛋黄里面
碘	也是一种重要的微量元素，孕期缺碘有可能生出呆小儿，奶制品、海产、海藻类、蛋、面包都含有碘
铁	主要存在于动物肝脏、动物瘦肉、动物血中
钙	奶及奶制品含钙丰富，且吸收率高，是钙类的良好来源

准爸爸不可缺席

努力做功课吧

老婆大人需要测基础体温，你可以每天帮忙把体温计水银柱甩至35℃以下，每天早上老婆醒来，帮老婆测体温，计时5分钟后再取出来记好数据并登记到基础体温表上。每天提醒老婆大人吃叶酸了吗?

老婆大人的排卵期是几号？你要在这几天保持旺盛的体力，把身体调整到最佳状态，因为“养兵千日，用兵一时”嘛，为了迎来一个健康聪明的小宝宝，准爸爸努力做功课吧！

第3周

孕妈妈和胎儿身体变化

孕妈妈变化

现在已经进入排卵期，你的基础体温有变化吗?

这周你可能就要受孕了，受孕期要保持心情舒畅，尽量不要与丈夫发生争执，大喜或大悲之后受孕都会影响受精卵的质量。

每个月经周期的第13~20天最易受孕，因为排卵时间是相对固定的，所以精子的质量非常重要。精卵结合后，新生命开始了。

在补充叶酸的同时，孕妈妈也应该注意加强多种微量元素的吸收，因为微量元素如铜、锌等会参与胎儿的中枢神经系统的发育。

胎儿变化

卵子是人体内最大的细胞，直径可达200微米，在输卵管中的寿命仅12~36小时。精子全长约600微米，分为头部、颈部和尾部，像蝌蚪一样靠尾部运动。精子在良好的宫颈黏液环境中能存活3~5天，但是受孕通常只能发生在性交后的24小时。这时精子和卵子已经结合在一起形成受精卵，受精卵长0.2毫米，重1.505微克。

受精卵经过3~4天的运动到达子宫腔，在这个过程中由一个细胞分裂成多个细胞，并成为一个总体积不变的实心细胞团，称为桑葚胚。

这个时期孕妈妈自身可能还没有什么感觉，但在你的身体内却在进行着一场变革，从现在开始，你的生命中就会增加一份责任，你和丈夫的二人世界也会告一段落，新生的宝宝将与母亲同欢乐，母爱天性将会发挥得淋漓尽致。

孕妈妈营养与保健

神奇的子宫

妈妈没有怀孕时，子宫是个倒长的鸭梨，长度只有七八厘米，宫腔内仅仅有个窄小的缝隙，仅有核桃大小的空间。一旦怀孕，子宫的增长令人难以置信，不但可容纳六七斤甚至十来斤的胎儿，还同时要容纳胎儿的附属物——胎盘、脐带、羊水、羊膜腔。

随着胎儿不断增长，子宫容积不断扩大，子宫壁不断增厚。子宫比任何一所房子都高级，能随着居住者的需求而变化。胎儿在子宫内受到层层保护，最外层是妈妈的腹壁，还有妈妈的大网膜、肠管、腹腔液；外面有结实、富有弹性、能保暖的子宫壁；然后是包蜕膜、绒毛膜、羊膜的保护；羊膜囊内还有能防震、防皮肤干裂、能让胎儿自由畅游的羊水。

子宫的神奇令我们赞叹，当胎儿在子宫内生长发育的时候，子宫颈口如同一道结实的大门，紧紧关闭着，当要娩出胎儿时，这扇大门会全部打开，子宫颈口竟然可以在原来的基础上扩张100倍！

排卵时的蛛丝马迹

排卵期前后，女性可以通过一些客观的现象来推测自己是否处于排卵期。

阴道分泌物：排卵期阴道分泌物增多，且稀薄、透明，呈拉丝状。

阴道出血：这种情况比较少见，但有的女性会在排卵期出现阴道少量出血，也称为月经中期出血。

小腹隐痛：有的女性在排卵期前后卵泡破裂，导致少量出血，而引起小腹隐痛。

性格改变：有的女性在排卵期可能出现心情低落、脾气暴躁、情绪波动比较大的情况，类似于“经前期紧张综合征”。

轻松胎教方案

一周胎教要点

美学胎教，诗歌和名画欣赏，让人陶醉于艺术的魅力，从而提高孕妈妈的艺术欣赏能力，能感觉生活中的美好。

胎教好处多

我国著名的育儿专家戴淑凤教授对进行过胎教的新生儿进行行为评测，她发现胎教组和对照组比较，在以下几方面表现能力优秀于对照组：

1 情绪稳定，知道哄逗，容易安慰。

2 视听、注视能力优秀，眼睛亮亮的，有神采。

3 小手的抓握力及四肢运动能力强。

4 扶坐时颈部肌肉张力好，抬头、吮手指能力强。

5 对音乐敏感。

孕妈妈操：练习坐与运动脚部

对孕妈妈和胎儿来说，孕妈妈操最主要的目的是：

帮助安全度过孕期。

有助顺利分娩。

强健孕妈妈和胎儿的体质。

孕妈妈操是一种专门为孕妈妈设计的体操，不仅能帮助孕妈妈进行适当的锻炼，防止腰、背部的疼痛与不适，使自己舒服和愉快，也有利于分娩，胎儿身心也能因此而得到良好的发育，因此也属于胎教。

在孕早期，孕妈妈不能做太剧烈、太复杂的运动，也不能压迫到腹部，做孕妈妈操的时候可以从脚部开始。

练习坐

选择一张有靠背的椅子，坐之前，把两脚并拢，将左脚向后挪一点，然后轻轻地坐在椅子的中部。坐稳后，再向后挪动臀部把后背靠在椅子上，深呼吸，使脊背伸展放松。在孕早期，孕妈妈应多练习"坐"，学会"坐"。

运动脚部

1. 坐在椅子上或床边，腿和地面呈垂直状，两腿并拢平放在地面。
2. 脚尖使劲向上翘，待呼吸一次后，再次恢复原状。
3. 将一条腿放在另一条腿上，上面腿、脚尖慢慢地上下活动，然后换腿进行。
4. 每次3~5分钟即可。

怀孕初期，可以先从腿部的运动或放松等比较轻松的体操开始，再慢慢地增加体操种类。

准爸爸不可缺席

学习做菜，服务好有功之臣

营养是整个孕期的重中之重，因为孕妈妈不仅要满足自身的营养需求，还要满足胎儿在各个阶段的成长需要。什么菜清淡止吐又营养？什么补钙？什么补铁？什么补碘？什么补锌？怎样吃均衡又美味？

既要控制孕妈妈体重增长过快，又要尽可能通过食疗满足孕妈妈和胎儿对营养的需要。准爸爸要翻翻营养书了，也可以向有经验的孩爸孩妈们请教请教。接下来就是你大显身手的时候了，谁让人家"母凭子贵"了呢？没的说，做个任劳任怨的好老公吧！

第4周 孕妈妈和胎儿身体变化

孕妈妈变化

你的子宫内膜受到卵巢分泌的激素影响，变得肥厚松软而且富有营养，血管轻轻扩张，水分充足，受精卵不断分裂细胞，移入子宫腔后形成桑葚胚，这时受精卵就叫胚泡。当外周的透明带消失后，胚泡与子宫内膜接触并埋于子宫内膜里,称为“着床”，着床一般在受精后6~7天开始，在11~12天内完成。

胎儿变化

妊娠进入第四周了，而实际上受精卵才发育了两周。这个时期胚胎已经在子宫内“着床”，或称“植入”。着床后的胚胎慢慢长大，这时大脑的发育已经开始，受精卵不断地分裂，一部分形成大脑，另一部分则形成神经组织。

这时孕妈妈要特别注意加强营养，丰富的营养会给脑细胞和神经系统一个良好的成长环境。

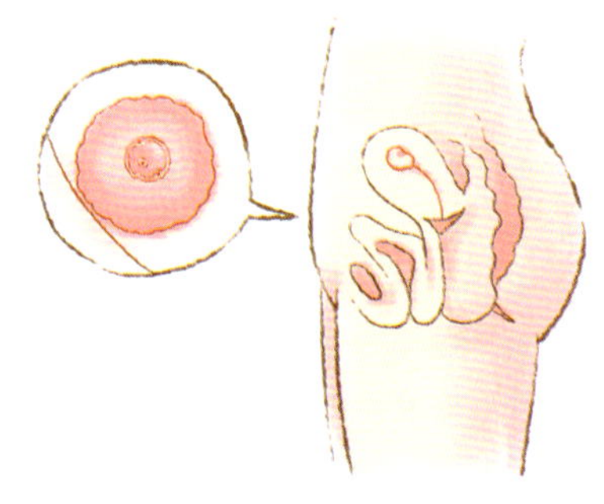

孕妈妈营养与保健

早孕征兆有哪些

孕1月的妈妈大多没有什么感觉，从外观上看不出什么变化，但有些孕妈妈可能出现某些征兆和不适。

对气味敏感。总是闻到特殊的味道，对味道也有新的喜好了。

有尿频和排尿不尽感。类似轻微尿路感染的症状，平时不怎么爱小便的女性，逛个街都可能找几次卫生间。

外阴不适。小腹可能有不适或疼痛，阴道分泌物看起来好像有淡淡的血丝，这是胚胎往子宫内膜植入时的植入流血。

皮肤和乳房变化。卸妆或洗脸后，脸色苍白，眼睑有些水肿，有了明显的眼袋。乳房胀痛，乳头乳晕着色加深，内衣变紧。

疲倦嗜睡。出现浑身乏力、疲倦，没有兴趣做事情，整天昏昏欲睡，提不起精神。

情绪变化快。情绪不稳定，波动大，时而高兴万分，时而垂头丧气。变得爱急躁，有时不耐烦，有时感到心情郁闷。

停经。没有避孕的情况下，停经一周以上。

不要做粗心的妈妈

在怀孕早期，一些孕妈妈常常出现类似疾病的症状，如感冒症状。而实际上是怀孕后带给母体的不适反应。之前也讲过导致胎儿畸形的一些因素，能否让妈妈少留下遗憾？能否不因为自己的疏忽大意吃后悔药？

不要随便用药。感觉不舒服，需要用药时，一定要告诉医生自己正在计划受孕，医生会选择对胎儿无害的药物，不能自行决定用药，即使是非处方药。

单位体检时想到怀孕可能。不要接受对胎儿有害的检查，尤其是射线照射。

回避装修。装修中的材料对人体有害，会侵害胎儿的健康。

减少应酬。同学生日聚会、商务宴请、庆典活动等，尽量不喝含酒精、咖啡因的饮料。尽量喝白开水、乳酸菌饮品、果汁。

停止吃减肥药和减肥食品。

停止染发、烫发。

选择产检和生产医院

当你惊喜地知道自己荣升为孕妈妈时，一定要尽快选择产检和生产医院。一般医院要求孕12周建档，对在自己医院建档的孕妈妈优先提供产检服务。一些口碑好的医院，建档的日期提得越来越早，恨不能孕4周刚知道怀孕就要去排队建档了。所以孕妈妈准爸爸们切不可优哉游哉，一味沉浸在快乐中。

其实最好的也许并不是最合适你的，要结合多方的因素，选择最适合自己的医院。

多方了解产科医院，衡量医院水平

通过多种渠道，了解当地多个产科医院的情况。如咨询有过生产经验的朋友、熟人或亲戚，也可以通过网络查询等，分别了解一下产科医院，以及医院的相关情况，如硬件设施、医生的技术水平等——有关住院条件、床位是否紧张、配餐、病房是否可以自由选择、紧急抢救设备或血源是否充足、能否选择分娩方法、分娩时能否有家人陪伴、产后有无专人护理和剖宫产率是否很高、新生儿的检查制度是否完善、产后有无喂养专家指导等，这些都是评判一个医院医疗和服务水平高低的重要指标。

了解自身情况，有基础病选综合医院

1 选择生产医院，首先要考虑自己的身体情况，如果有妊娠期高血压疾病、妊娠期糖尿病、胎膜早破等产科并发症和合并症，适宜在妇产专科医院分娩。

2 孕妈妈如果合并有如胰腺炎、心脏病等内外科疾病，适宜在综合医院的产科分娩，因为专科医院缺乏这样的医疗设备和技术力量，治疗这类疾病的药品也少。

3 如果孕妈妈患有妊娠急性脂肪肝、急性重症肝炎等疾病，以及发现有各类肝炎、梅毒、艾滋病、澳抗阳性等合并传染病，应当前往消毒和隔离条件较好的传染病专科医院产科待产。

最好从产前检查、分娩直到产后随诊都坚持定期去一家医院。这样，医生会有你在整个孕期、临产前及分娩时各个方面的详细检查记录，对你的情况很熟悉，一旦在分娩时发生什么情况，能够很从容地做出处理。

轻松胎教方案

一周胎教要点

补充营养,赶走孕期疲劳。孕初期身体容易出现疲劳，要定时进餐，尤其是早餐。营养丰富的小零食也可以帮助你保持最佳精神状态。

制订合理的胎教计划

胎教内容	孕1月	孕2月	孕3月	孕4月	孕5月	孕6月	孕7月	孕8月	孕9月	孕10月
情绪胎教	▲	▲	▲	▲	▲	▲	▲	▲	▲	▲
运动胎教	▲	▲	▲	▲	▲	▲	▲	▲	▲	▲
营养胎教	▲	▲	▲	▲	▲	▲	▲	▲	▲	▲
音乐胎教		▲	▲	▲	▲	▲	▲	▲	▲	▲
语言胎教				▲	▲	▲	▲	▲	▲	▲
美学胎教			▲	▲	▲	▲	▲	▲	▲	▲
知识胎教					▲	▲	▲	▲	▲	▲
意念胎教	▲	▲	▲	▲	▲	▲	▲	▲	▲	▲

每天的最佳胎教时间

一般情况下，一天中的这两个时间段属于最佳胎教时间，准爸妈应该抓住时机进行胎教。

中午12点前后：这时的视力处于最佳状态，可以清晰地看到事物，感受事物中蕴藏着的美，适宜在此时欣赏优美风景、艺术性强的绘画作品，为胎儿创造良好的情绪环境，促进胎儿的发育。

晚8~11点：这个时间段是孕妈妈精力比较旺盛、听觉神经最敏感的时期，也是最佳胎教时间。这时孕妈妈最好能和准爸爸一起和胎儿聊天，或听听音乐，对胎儿进行胎教。

每天进行胎教的次数为一到两次，每次十来分钟为宜，应选择在胎儿觉醒时(胎动时）进行。

儿歌胎教：《春天在哪里》

春天在哪里呀？春天在哪里？
春天在那青翠的山林里，
这里有红花呀，这里有绿草，
还有那会唱歌的小黄鹂，
嘀哩哩哩嘀哩哩嘀哩哩哩哩……
嘀哩哩哩嘀哩哩嘀哩哩哩哩……
春天在青翠的山林里，
还有那会唱歌的小黄鹂。
春天在哪里呀？春天在哪里？
春天在那湖水的倒映里，
映出红的花呀，映出绿的草，
还有那会唱歌的小黄鹂，
嘀哩哩哩嘀哩哩嘀哩哩哩哩……
嘀哩哩哩嘀哩哩嘀哩哩哩哩……
春天在湖水的倒映里，
还有那会唱歌的小黄鹂。
春天在哪里呀？春天在哪里？
春天在那小朋友的眼睛里，
看见红的花呀，看见绿的草，
还有那会唱歌的小黄鹂，
嘀哩哩哩嘀哩哩嘀哩哩哩哩……
嘀哩哩哩嘀哩哩嘀哩哩哩哩……
春天在小朋友的眼睛里，
还有那会唱歌的小黄鹂。

胎教引语：

儿歌是为儿童所写，因此语言一般充满童稚，用句简短，旋律欢快优美，节奏和谐，朗朗上口，情感真挚，从儿歌中可以看到儿童的生活情趣，可以给人带来美的享受和情感的熏陶。

胎教意境：

在哼唱这首儿歌的时候，我们会情不自禁地憧憬胎儿出生后的美好时光，也会回想起自己儿时的欢乐时光，春天的大地、春天的红花、春天的湖水……

胎教感言：

孕妈妈美好的回忆及憧憬和向往，可以让自己和胎儿在听、唱儿歌的过程中都获得愉快的情感享受。

意念胎教：想象宝宝的样子

有关研究表明，如果孕妈妈经常想象小宝宝的样子，那么宝宝出生后的模样将与这种想象在某种程度上有几分相似。因为孕妈妈与胎儿在心理和生理上具有某种联系，这种联系使其心灵相通，因而孕妈妈的想象会通过自己的意念构成胎教的重要部分，并渗透到胎儿的身心之中。这种影响不仅体现在外在的形象上，还体现在宝宝的性格和心理方面。因此，通过意念胎教，孕妈妈可以在心灵上与宝宝建立亲密的联系，从而塑造宝宝的外在形象和内在心灵。

第一个月过去了，尽管你可能对胎儿的到来毫无察觉，但你仍满怀期待。现在就写下心中宝宝的样子吧，先从宝宝的五官开始吧！

准爸爸不可缺席

跑腿的活归你了

一个月过去了，用早早孕试纸可以测出怀孕了！准爸爸不要光顾着乐呵，接下来可有的忙了。一般医院都是12周建档，建档后接下来的产检和生产一般都在该医院了。如果延误了时间没有建上，可能会影响到产检。对于热门的医院，可能12周去已经晚了，要在查出怀孕的第一时间去医院要求建档。

建档之前需要准备生育服务证(准生证)和母子健康手册，各地区办理准生证的政策有些不同，准爸爸要咨询好，及时办理。医院建档需要出示母子健康手册，为了不影响建档，准爸爸多跑跑腿吧！

我是可爱小海马

停经5周左右时，用试纸可查出尿妊娠试验阳性，结合妇科内检一般即可确定妊娠。孕6~7周时有些孕妈妈开始出现早孕反应，开始症状较轻，有些轻微的乏力、尿频、乳胀、恶心等症状，并逐渐加重，10周左右大部分孕妈妈的症状减轻或消失，少数孕妈妈到孕3月时症状才会消失。

第5周 孕妈妈和胎儿身体变化

孕妈妈变化

进入第5周后，你的“好朋友”还没光顾，现在你的心情是欣喜，还是紧张？

一些有计划怀孕的孕妈妈可能已经发觉身体的异常，现在你可以去医院做早孕检查，确定一下自己是否怀孕了。如果已经怀孕，你的子宫内现在正发生着巨大的变化，因为一个小生命已经入住了。

在整个孕早期你都要仔细地观察身体的变化，不要做剧烈运动，时刻保护身体的健康，避免感冒、受凉，多吃有营养的食物，并及时去医院做早孕检查。

胎儿变化

胎儿形成内、中、外三胚层胚盘，外胚层出现一条脊索；内胚层形成原始的消化管和呼吸道原基；中胚层为骨骼和肌肉的原基；最外层将形成皮肤、汗腺、乳头、乳房、毛发、指甲、牙釉质和眼的晶状体。

神经系统、心血管系统开始发育。

心脏开始成形，刚开始有了搏动，每分钟可达69次左右。

身体是二等分的，头部大，占身长的1/2。

没有颈部，头部直接与躯体相连，手脚几乎看不到。

刚刚能用肉眼看到，形状似小海马。

此时胎儿称为胚芽，长为0.4厘米，重量为0.8克。

孕妈妈营养与保健

呕吐期营养补充提示

轻度妊娠呕吐

1 以少食多餐代替三餐。想吃就吃，多吃含蛋白质和维生素丰富的食物。如可以在两餐中间加一餐，晚饭后两小时再加一餐。加餐可吃些苏打饼干、干果、豆浆、酸奶等。

2 饭前少饮水，饭后足量饮水。能喝多少就喝多少。可吃流质、半流质食物。

重度妊娠呕吐

1 以清淡食品为主，少吃油腻、过甜和辛辣的食品。可吃营养价值比较高的藕粉、豆浆、蛋、奶等。

2 自己喜欢吃的就不用在乎品种和口味，没有那么多的禁忌，即使你喜欢吃的食物营养价值并不是很高，也总比不吃或吃了呕吐要好得多。

3 如果起床时就开始恶心，甚至呕吐，就不要急于穿衣服、洗漱，先坐起来吃些东西，如饼干、面包等，感觉不那么恶心了再起床。无论是否呕吐，只要能吃进去就大胆地吃，不要怕吐，吐了再吃，不断地吃。

缓解孕吐的营养食物

饮料：柠檬汁、苏打水、热奶、冰镇酸奶、纯果汁等。

谷类食物：苏打饼干、面包、麦片、绿豆大米粥、八宝粥、玉米粥、煮玉米、玉米饼子、玉米菜团等。

奶类：鲜奶、酸奶、奶酪、奶片、黄油等。

蛋白质：肉类以清炖、清蒸、水煮、水煎、爆炒为主要烹饪方法，尽量不采用红烧、油炸、油煎、酱制等味道厚重的方法。如水煎蛋、水煮饺、水煮肉片、清蒸鱼、水煮鱼、糖醋里脊等。

蔬菜水果类：各种新鲜的蔬菜，可凉拌、素炒、炝凉菜、醋熘，清炖萝卜、白菜肉卷等是很好的孕妈妈菜肴。多吃新鲜水果或水果沙拉。

学会放松心情

孕吐是一种正常的、暂时的生理现象，但对初次怀孕的孕妈妈来说，怀孕带来的新鲜兴奋的尽头还没有过去，又迎来了令人身体不适的孕吐期。这难免让孕妈妈产生消极情绪，严重的还会后悔怀孕，甚至责怪丈夫。孕妈妈一定要学会放松心情，拥有一份好心情，休息好，吃好，才有信心度过孕初期的反应期。多想想小宝宝正在体内发育和生长，小宝宝需要你的关心和保护，只有妈妈健康、快乐，小宝宝才能健康、快乐。而且，困难总是暂时的，短短几周很快就会过去了。孕妈妈请鼓起勇气，克服身体的不适，渡过难关。心情放松也会减轻孕吐哦。

胎儿各器官发育时期表

孕周	脑	眼	心脏	手脚	唇	耳	性器官	上腭	牙齿	腹部
3										
4										
5										
6										
7										
8										
9										
10										
11										
12										
13										
14										

从上表可见，孕4~8周是最关键的器官形成期。对孕妈妈来讲，孕4月前是胎儿各器官发育的关键时期。在这一时期，胎儿对来自外界的不良刺激非常敏感。

轻松胎教方案

一周胎教要点

营养胎教，通过调整烹饪方式，保证孕妈妈摄入充足的营养，轻松度过孕吐期。

宝宝喜欢重复

胎教的方法如前所述，有很多，请孕妈妈选择自己最喜欢、最擅长的来做。可在早上起床时与宝宝打个招呼："宝宝，你好！新的一天又来到了，你又长大了一点儿。"准备上班时也可以和宝宝"聊天"："宝宝，妈妈带你去上班了！"上下班的路上给宝宝讲路上的见闻，看见了什么样的花，是什么形状的，小草是什么样的，看见了什么建筑，看见了什么人。也可以边散步边给宝宝哼唱自己喜欢的歌谣或者摇篮曲等。轻松舒缓的音乐，既可使孕妈妈心情放松，更可使宝宝体会到妈妈浓浓的爱意。请孕妈妈不要担心每天重复的东西会让宝宝厌烦，宝宝更喜欢熟悉的东西，一遍一遍，不厌其烦。

营养胎教：清蒸黄花鱼

材料：黄花鱼1条，料酒、精盐、姜、葱各适量。

做法：

1 黄花鱼洗净，去内脏，两侧斜剞数刀；葱、姜切丝。

2 净鱼涂上料酒、精盐，鱼腹内放入葱姜丝，摆入盘中，上面再撒上葱姜丝，上笼蒸8~10分钟即可。

准爸爸不可缺席

备两道开胃菜

老婆大人的早孕反应可能越来越严重了，一整天都没有什么胃口，好不容易有胃口了，可是吃完不久还容易吐。准爸爸不妨做上两道爱心开胃菜，帮助她缓解不良胃口及情绪。

双橙瓜片

材料：黄瓜2根，橙汁200毫升，橙皮1块。

做法：

1.黄瓜洗净去皮切条，橙皮洗净切成细丝。

2.将切好的黄瓜倒入橙汁腌渍1小时。

3.捞出黄瓜，拌入橙皮丝即可。

番茄炖牛肉

材料：牛肋条肉250克，番茄1个，酱油、姜、料酒、盐、葱、草果适量。

做法：

1.将牛肉洗净切成小方块，姜切末，葱切段。

2.坐锅点火，油至五六成热时，逐步将牛肉炸过捞出。

3.锅中留底油放入炸过的牛肉，放水（以淹过肉为宜），加入酱油、姜末、料酒、葱段、草果、盐调味。

4. 牛肉酥烂时，将番茄放入开水中浸泡片刻，捞出剥去皮切成月牙块放入锅中，用小火烧60分钟即可。

第6周

孕妈妈和胎儿身体变化

孕妈妈变化

孕妈妈的身体已经开始发生变化，怀孕的症状也出现了。

由于雌激素与孕激素的刺激作用，你的胸部感到胀痛，乳房增大变软，乳晕有小结节突出，你会时常疲劳、犯困而且排尿频繁。

在这个星期,你会像大多数女性一样,有恶心的感觉，有时候不仅是在早晨，整个一天你都会随时呕吐。这些令人心烦的症状都是正常的，这只不过是孕早期的常见现象，大约在3个月之后你的恶心与晨吐就会结束。

胎儿变化

胚芽表面覆盖着绒毛组织，这种绒毛深植于厚软的子宫内膜中，吸收母体的营养，以供胚芽发育，不久就会形成胎盘，胎儿通过胎盘吸收母体的营养成分，排出代谢产物。

形成了与母体相连的脐带。

形成一个羊水腔，也可称为羊膜囊，内含羊水。

脑和呼吸系统开始发育。

血液循环系统的器官原型已经出现。

肝脏开始发育。

能够看到嘴和下巴的雏形。

胚芽长至0.5~0.8厘米，体重增至1克左右。

孕妈妈营养与保健

孕初期腹痛

孕妈妈单纯出现下腹隐痛不一定是疾病所致，这是因为妊娠使子宫的血管、淋巴管及弹性纤维增生，刺激神经末梢而产生的。子宫柔软敏感，孕妈妈在活动较多时可引起生理性子宫收缩而发生隐痛，只要注意保暖休息即可缓解腹痛。如果疼痛只是一闪而过，并没有持续一段时间，或一直感到隐隐作痛，排便后有缓解，则不需要看医生。如果阴道有血性分泌物，则应及时看医生。

应对孕早期尿频

出门前、参加会议或活动前及自由活动期间应及时排净小便，学会“忙里偷闲”。排尿时身体向前倾，可以帮助你彻底排空膀胱。

使用护垫，以防“突发事件”。

在白天多喝点水，但不要过量或大量喝水，而在睡前1~2小时内少喝水，以减少夜间上厕所的次数。保证睡眠充足，睡觉时尽量多左侧卧，以减少对膀胱的压力。

少吃利尿的食物，如西瓜、冬瓜、红豆、葡萄等，这些瓜果平常人多吃都会频繁地上厕所，所以本来就尿频的孕妈妈吃了会使尿频加重。当然这些食物本身无害，可以在外出或者频繁上卫生间不方便时尽量少吃，平常吃也没有问题。

加强肌肉力量的锻炼，多做凯格尔运动，不仅可收缩骨盆肌肉，以控制排尿，亦可减少生产时产道的撕裂伤。

贴心指导

有了尿意应及时排尿，切不可憋尿。有的人会因为憋尿时间太长而影响膀胱功能，以至于最后不能自行排尿，造成尿潴留，需要到医院进行导尿术。

轻松胎教方案

一周胎教要点

情绪胎教，孕妈妈要放松心情，调整好自己的心情，克服孕早期的烦躁心理。

营养胎教：孕吐期一日营养食谱推荐

早餐：豆包或蒸饼50克，二米粥1碗（大米和小米50克），煮鸡蛋1个，蔬菜或咸菜适量。
加餐：牛奶300毫升，苹果1个。
午餐：面条150克，瘦肉50克，黄瓜50克，其他调料适量。
加餐：烤馒头片50克，橘子1个。
晚餐：米饭100克，鱼100克，西红柿100克，胡萝卜50克，其他调料适量。

贴心指导

一些外形吸引感官的食物可能会令你获得意外的收获，如西红柿、黄瓜、彩色柿子椒、鲜香菇、新鲜平菇、新鲜红果、苹果等，它们色彩鲜艳、口感清爽、富有营养，可诱发食欲。

情绪胎教：克服孕早期的烦躁心理

怀孕初期的早孕反应会弄得孕妈妈心情恶劣，烦闷不堪，甚至会对怀孕产生不良心理。因此孕妈妈在怀孕之前就应该去充分了解认识妊娠反应，保持心情舒畅、情绪稳定。平时多看一些放松的书籍或是有趣的电视节目，缓解心里的烦乱情绪。一旦情绪有所失控，孕妈妈可以去环境幽雅的地方散散步，使烦躁心理变得平和。

有的孕妈妈怀孕以后会出现一些倦怠，在初期和末期的时候尤为明显。由于怀孕后激素的变化，再加上孕妈妈要负担发育中的胎儿，需要消耗更多的体力，会经常感到倦怠。

还有的妇女怀孕后，脾气会变得很坏，这种暴躁和之前所提到的烦躁不同，好发脾气，易动怒。孕妈妈发怒不仅仅不利于自己的身体健康，也会殃及腹中的胎儿，降低机体的免疫能力，使得胎儿的抗病能力减弱，若孕妈妈在胎儿上颌骨和口腔顶形成的第7~10周发怒，会造成胎儿唇腭裂。因此孕妈妈发怒对胎儿的影响是很大的，作为一个即将成为母亲的女性，请为了宝宝控制好自己的情绪。

孕妈妈操：床上运动

床上运动不花费太多的时间，可以锻炼四肢和腰部，清晨和晚上都可进行，是一套比较适合孕早期进行的体操。

1 自然地坐在床上，两腿前伸呈V字形，双手放在膝盖上，上身右转，保持两腿伸直，足趾向上，腰部要直，目视右脚，慢慢从1数至10，然后再转至左边，同样数至10，恢复原来的正面姿势。

2 仰卧在床上，膝部放松，双足平放于床面，两手放在身旁，将右膝抱起，使之向胸部靠拢，然后换左腿。

3 仰卧在床上，双膝屈起，手臂放在身旁，侧身滚向左边，用左臀着床，头向右看，恢复原来姿势。然后滚向右边，以右臀着床，头向左看，反复做几次，以活动颈部和腰部。

4 跪于床上，双手双膝平均承担体重，背部挺直，使头与脊柱成直线，慢慢将右膝抬起靠近胸部，然后抬头，右腿向后伸直，然后换左腿进行。

贴心指导

在整个孕期，孕妈妈最好持之以恒，坚持每天做孕期体操，这样可以达到最好的效果。不过，要根据自己的身体状况来决定锻炼量，动作要轻柔，以不感到疲劳为宜。

准爸爸不可缺席

多用言行温暖老婆

女人怀孕之后心理变得异常脆弱，感觉什么事情都需要老公的陪伴，对老公产生一种极强的依赖感。老婆在孕期希望老公能以自己为中心，时时关心自己，处处照料自己，这种依赖心理既有生理上的需要，又有感情上的需要，所以老公不要吝啬那几句温暖的话，这些温暖的话不仅仅温暖了妻子，也将父爱传给了胎儿。

对老婆多说说甜蜜的话吧。比如：怀孕的你最美了！比以前更有韵味了！老婆辛苦了！老婆最伟大！

第7周

孕妈妈和胎儿身体变化

孕妈妈变化

此时多数孕妈妈恶心呕吐，早孕反应出现，有些孕妈妈还会有较重的早孕反应。

早晨醒来后你会感到难以名状的恶心，而且嘴里有一种说不清的难闻怪味，有时像汽油或其他化学原料的味道，这是怀孕初期大多数孕妈妈都会遇到的情况。

此时你的外表看不出有什么改变，但在你的体内却发生着翻天覆地的变化。

现在你随时可能有饥饿的感觉，而且常常饥不择食地吞咽各种食物。在这种大吃大喝的补充下，你的体态很快就会有改变，但是不要过多地考虑体形，因为这几周是胎儿发育的关键时期，维持胎儿生命的器官正在生长，所以更应注意营养。

其间你的情绪波动很大，但需要注意的是，在早孕6~10周是胚胎腭部发育的关键时期，如果你的情绪过分不安，会影响胚胎的发育并导致腭裂或唇裂。因此，一定要保持心情愉快，可以适当地听听轻音乐，进行音乐胎教。

胎儿变化

形成2毫米左右的胚盘。

神经系统和循环系统的基本组织开始分化。

80%的脑和脊髓的神经细胞开始形成。

小胚胎长约0.8厘米。

孕妈妈营养与保健

与辐射“和平共处”

自然环境中有许多的天然辐射，这些天然产生的电磁辐射对人体是无害的。现代社会有很多人工辐射，比如手机、电脑、核电站、家用电器等，可能对孕妈妈的健康产生威胁，但这些辐射源是生活中难以完全避免的，因此，你要学会正确地应对，安然度过孕期。

下表是生活中常见的辐射及其应对方法：

辐射源	危害	应对方法
手机	手机未接通时的辐射是接通时的20倍，而手机只剩一格电时的辐射也要远远超过满格时	尽量减少使用手机的机会，并且长话短说，也尽量避免将手机挂在胸前或腰间
电脑	电脑在开机时辐射最强，它放射出的电磁辐射十分复杂，不过真正辐射到人身上的射线照射量很小，但孕早期可能影响到胚胎发育	上班的孕妈妈要尽量避免坐在电脑背后，将后方电脑的朝向往旁边移，或改用笔记本电脑。此外，每日使用电脑的时间最好控制在2~4小时之内
家用电器	包括电视、电冰箱、洗衣机、空调等，它们的辐射强度总的来说不如手机和电脑，但仍然要注意使用方法	挑选正规厂家的名牌家电产品，保持一定的安全距离。电器摆放不要过于集中，电视机、电脑、冰箱等不宜摆放在孕妈妈卧室里
微波炉	微波炉所放射的辐射是家用电器中危害最大的，必须注意防范	在挑选微波炉时一定要注意看说明书上的辐射标准，尽量不独自使用微波炉，如果需要使用，要远离微波炉至少1米
其他家用电器	吸尘器、电熨斗、吹风机在使用时都会放射出较强的辐射，电源接线板在通电时也会放射出较强的辐射	尽量避免用吸尘器清洁房间；使用电熨斗切不可一边加热一边熨衣服，那样会增加辐射；头发最好自然晾干；电源接线板要远离床
抽油烟机	抽油烟机的辐射超过了电冰箱和电视机	孕早期应尽量避免做饭，在厨房炒菜时最好打开窗户来除油烟，必须使用抽油烟机的情况下尽量缩短炒菜时间
装修材料	化学物品也具有辐射性，大理石类建材也是个辐射源	对房屋进行辐射检查，对辐射源加以屏蔽或调整家具位置，避免近距离接触辐射材料

恐怖的胎停育

胎停育的确切时间难以估计，一般发生在孕8周内。如果B超诊断为胎停育，对沉浸在喜悦中的家庭来说无异于晴天霹雳。如果发生了这样不幸的事情，请不要太伤心，一定是小宝宝还没有准备好来到你们身边，请和小宝宝道别，相信小宝宝一定还会回来的。

孕卵异常是胎停育的主要原因，发生在8周以内者占80%，其中22%~60%的胚胎有染色体异常。

导致孕卵异常的原因是卵子或精子的缺陷或两者均有缺陷。

其他的原因有：外界不良因素，如吸烟或吸二手烟、饮酒、接触化学性毒物、严重的噪声和震动、情绪异常波动、高温环境等一切可导致胎盘和胎儿损伤的因素；母体内分泌失调、生殖器官疾病、免疫方面的疾病、母儿血型不合等。

如发生胎停育，半年以后可考虑再次怀孕，孕前双方应接受染色体检查，女方做血型鉴定，男方做生殖系统的检查，同时应避免接触有毒物质和放射线照射等外界不良因素。

轻松胎教方案

一周胎教要点

营养胎教，孕妈妈胃口不好，可尝试消食开胃的凉拌菜。凉拌菜能减少对胃黏膜的刺激，改善胃口。如凉拌土豆丝、凉拌西瓜皮、拍黄瓜等。

营养胎教：凉拌菠菜

材料：菠菜、葱姜丝、精盐、鸡精、花椒油各适量。

做法：

1 菠菜洗净，入沸水锅焯烫至软，投凉沥水。

2 将菠菜放碗内，加精盐、鸡精、葱姜丝、花椒油拌匀，用盘盖住闷一会儿揭开，盛盘即可。

健康小贴士：富含叶酸。

诗歌：《蜗牛牵着我去散步》

上帝给我一个任务，叫我牵一只蜗牛去散步。

我不能走得太快，蜗牛已经尽力爬，每次总是挪那一点点。

我催它，我唬它，我责备它，蜗牛用抱歉的眼光看着我，仿佛说："人家已经尽了全力！"

我拉它，我扯它，我甚至想踢它，蜗牛受了伤，它流着汗，喘着气，往前爬。

真奇怪，为什么上帝叫我牵一只蜗牛去散步？上帝啊，为什么？

天上一片安静。"唉，也许上帝去抓蜗牛了！"好吧！松手吧！反正上帝不管了，我还管什么？

任蜗牛往前爬，我在后面生闷气。

咦？我闻到花香，原来这边有个花园。我感到微风吹来，原来夜里的风这么温柔。

慢着，我听到鸟声，我听到虫鸣，我看到满天的星斗多亮丽。

咦？以前怎么没有体会？

我忽然想起来，莫非是我弄错了？原来上帝叫蜗牛牵我去散步。

胎教感言：

成人看儿童的书或动画片往往会生出幼稚的想法，大多不感兴趣，可事实是孩子却看得津津有味，大人与孩子想要得到有效的沟通，得将自己放低一点才行。

准爸爸不可缺席

给老婆减压

一个人心理状态越不好，越想得到亲人的同情和安慰，因此，准爸爸要行动起来，为老婆实行减压计划，给予加倍关怀和爱护、鼓励和支持。

帮助老婆按摩

准爸爸在临睡前(或每天固定时间)给老婆轻轻按摩腰腿，缓解孕期酸痛和水肿，使老婆放松精神，舒适地进入睡眠。

陪老婆散步

运动对孕妈妈很重要，可帮助孕妈妈恢复愉悦的心情。准爸爸每天清晨或傍晚陪伴孕妈妈出去散步，在小区里或附近的公园里慢走，对孕妈妈缓解压力是很有好处的。

多体谅老婆

许多孕妈妈由于身体和心理上的变化，常常脾气无端很坏，准爸爸此时的表现非常重要，应该比平时更多耐心和包容。

陪伴老婆听讲座

准爸爸陪同孕妈妈到孕妈妈课堂听取全面的孕期知识的讲座，对妊娠、生产、养育等问题做到心中有数，就会减少恐惧和忧虑。

第8周

孕妈妈和胎儿身体变化

孕妈妈变化

你的腹部现在看上去仍很平坦，但你的子宫已有明显变化，怀孕前你的子宫就像一个握紧的拳头，现在它不但增大了，而且变得很软。

阴道壁及子宫颈因为充血而变软，呈紫蓝色，子宫峡部特别软。

当你的子宫成长时，腹部会感到有些痉挛，有时会感到瞬间的剧痛。

现在你可以进行第一次产前检查了，除了做盆腔检查外，还需要测量血压，以了解基础血压；检查心脏和肺脏；化验尿常规及尿糖；进行一次口腔检查。

胎儿变化

心脏开始划分心室。

肾和心脏的雏形开始发育。

开始长出肢体的幼芽。

脖子和下颌的小皱痕已出现。

小胚胎长约1.2厘米。

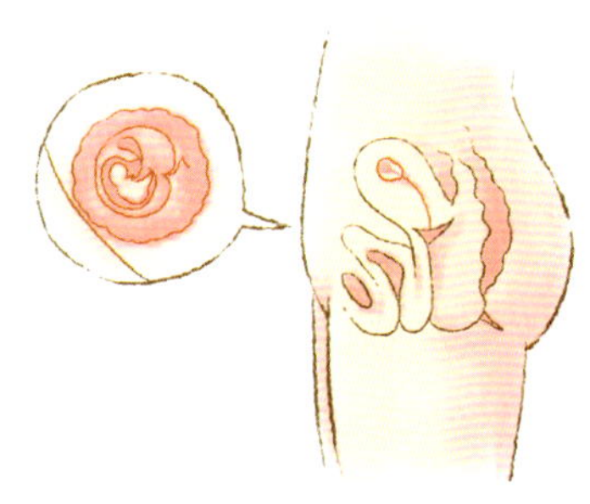

孕妈妈营养与保健

如何计算预产期

由于每一位孕妈妈都难以准确地判断受孕的时间，所以，医学上规定，以末次月经的第一天起计算预产期，其整个孕期共为280天，10个妊娠月（每个妊娠月为28天，即40周）。预产期的常用计算方法有如下几种：

1 最后一次月经计算法：将最后一次月经来潮的月份减掉3(不足者加上9)，日数加上7，即为预产期。例如，最后一次月经为3月5日开始，预产期则为当年12月12日。

2 以受精日计算：若知道受精日，从这天开始经过38周(266天)即为预产期。使用基础体温者知道排卵日，则可计算出受精日。这比从最后一次月经开始日计算预产期的方法更精确。

3 由子宫大小推定：根据子宫底的高度测定怀孕周数。

4 超声波（B超）检测法：对于最后一次月经开始日不确定的人而言，这是较准确的方法。由于可计算出胎囊大小与胎儿头至臀部的长度，以及胎头两侧顶骨间径数值，据此值即可推算出怀孕周数与预产期。

其中以最后一次月经开始日计算预产期的方法最为常用。

孕早期的性生活

妊娠是夫妇幸福生活的结晶，一旦确认妊娠，有很多孕妈妈认为性生活会给腹中的胎儿带来不好的影响，因而采取消极的态度。然而，一般而言，男性较难控制欲望，有时会因此造成夫妇的感情不和。为使夫妇感情和谐，应根据妊娠期情况，适当地过性生活。

一般而言，孕早期性生活应注意有所节制。国外有的专家提出正常年轻人的性生活为每周1~2次，孕早期夫妇性生活可控制在每周1次。也有的专家认为：孕早期应节制性生活，最好采取边缘性接触，通过搂抱、抚摸、亲吻的方式达到性的满足。性生活频繁或者不注意讲卫生，孕早期性生活容易引起孕妈妈阴道炎症，不利于胎儿的健康发育。孕早期性生活方式的选择应注意避免腹部压力过大，否则会增加流产的危险。

如果有下列情况的女性，一定要禁忌性生活：

有腹痛或阴道出血。

医生诊断有流产或早产可能。

有流产史或早产史。

前置胎盘。

有严重的妊娠合并症。

轻松胎教方案

一周胎教要点

营养胎教,孕妈妈可多吃富含膳食纤维的食物，预防和缓解便秘。

营养胎教：甜椒牛肉丝

材料：牛肉、甜椒、酱油、淀粉、精盐、姜丝、鸡精、植物油、高汤各适量。

做法：

1 牛肉去筋洗净，切丝，加精盐、淀粉拌匀，腌10分钟左右；甜椒洗净切丝；酱油、鸡精、高汤、淀粉放入碗内，调成芡汁。

2 锅中倒油，烧至六成热，下甜椒炒至断生，盛入盘内。

3 锅中重新加油，烧至七成热，下入牛肉丝炒散，炒至肉丝断生，再放入甜椒丝、姜丝，炒出香味，烹入芡汁，翻炒均匀即可。

健康小贴士：增强食欲，促进消化，预防便秘。

情绪胎教：孕妈妈情绪影响胎儿性格

胎儿生活的第一个地方就是孕妈妈的子宫，它就像是一个小城堡保护着胎儿。胎儿和孕妈妈联系紧密，因此，胎儿身心成长都受孕妈妈的直接影响，而胎儿性格的形成与发展更是如此。

在孕妈妈的子宫里，胎儿会感受到温暖和安全，这样宝宝的心理发育也会变得温和善良。胎儿在孕妈妈的肚子里如果感受到家人的疼爱和生活的美好，会让胎儿在潜意识中对生活充满希望和热爱，会体会到生活中的快乐，形成外向、乐观、积极、果断的性格，这对宝宝日后的身心成长是很重要的基础。

如果胎儿在孕妈妈的肚子里感受到的不是美好的意识，而是爸爸妈妈经常争吵，家庭氛围不佳，甚至是孕妈妈并不真心喜欢胎儿，有厌烦等负面情绪，这些变化的、不良的情绪会直接影响到胎儿的内分泌激素发生变化，这样胎儿在出生后可能会形成冷漠、自私、自卑、懦弱等性格，不利于宝宝的成长。所以，现在的优生专家在孕妈妈的情绪会影响到胎儿的成长这个问题上有着一致的认知。

在孕妈妈孕育宝宝的过程中，胎儿的性格、气质等已经开始萌芽，对于各种情感态度也有一定的认知。在孕妈妈子宫这个“城堡”里，孕妈妈的各种情绪变化，甚至细微的变化，胎儿都会有一定的感觉，并出现各种反应。有专门观察新生儿反应的研究人员指出，在出生后，各个新生儿就会表现出不同的个性：有的宝宝不停地哭泣；有的宝宝喜欢看着人笑；有的宝宝会不停地动来动去，手舞足蹈；有的宝宝在安抚下很快就会安静；有的宝宝对声音很敏感，在有声响的环境中不能入睡。每个宝宝都有着自己的性格表现。

澳大利亚的医学博士曾经对114名女性从妊娠到分娩的过程进行过详细的研究，博士将这些孕妈妈分为四种不同的类型：

第一种是理想的优秀孕妈妈。

经过心理测验证实，这些孕妈妈的心理和情绪状况良好，对于宝宝的到来充满期待和深深的爱。这样，在整个怀孕过程中，这些孕妈妈的感觉最好，分娩的过程也会比较顺利，而在这样情况下出生的宝宝的身心发展都很好。

第二种是有些矛盾的孕妈妈。

这些孕妈妈可能在家人或朋友面前对于妊娠是喜欢的，但内心的潜意识却有着抗拒的成分，有些甚至连孕妈妈自己也没有发现，但是胎儿在孕妈妈的子宫里可以察觉到母亲情绪细微的变化或是潜意识里的排斥情绪。这样的胎儿往往在出生后会有胃肠方面的健康问题，性格会变得自私、冷漠或是自卑。

第三种是比较淡漠的孕妈妈。

这些孕妈妈并不想得到宝宝，但是在潜意识中对宝宝有着一定的渴望。这种复杂的心理会被胎儿敏感地察觉到，这样的宝宝在出生后也会变得比较冷漠，喜欢睡眠，活动不积极。

第四种是不及格的孕妈妈。

这样的女性不想得到宝宝，整个情绪和潜意识都传达着这样的信息。一旦怀孕后，这样的孕妈妈会出现各种状况，容易生病，并有着较高的流产和早产的可能。这样的胎儿出生后体重会比其他的宝宝轻，情绪也很不稳定，很可能会出现各种心理疾病。

这些现代医学的研究结果都显示，孕妈妈在整个怀孕的过程中，无论是所处环境还是自身健康状况、情绪、心理和生活方式等，都会对胎儿造成影响，尤其是孕妈妈的心理和情绪的变化，会直接影响胎儿性格的形成。所以，父母应该重视各种胎教，培养优质健康的宝宝。

准爸爸不可缺席

忍受得了委屈

孕妈妈由于怀孕，口味变化比较大，平时爱吃的可能现在不爱吃了，平时不爱吃的可能想吃得厉害。以前做的菜端上桌，很爱吃，现在却在批评你做菜水平下降了。有的时候很想吃某种东西，你千辛万苦买回来，她却一口也不想吃了。有的时候大半夜肚子饿了，想吃东西。准爸爸千万不要烦恼，更不要生气，这是怀孕女人的正常反应。

如果老婆指责，那就好声好气地听听，一笑置之好了,还要勇于承认“错误”。要疏导老婆的不良情绪，而不是对着干，觉得老婆不可理喻。多多关心老婆，想到她因为怀孕而承受的身体不便，准爸爸就暂时做个打不还手、骂不还口、逆来顺受的小绵羊吧！

我变成了小小孩儿

这时的孕妈妈外观还没有变化，除了不来月经外，几乎和以前没什么不同，只是这时往往是早孕反应最剧烈的时期，容易心烦、抑郁，有时睡觉小腹有不适感。

你的乳房仍然很胀，阴道分泌物增多，但没有痒痛等不适。早孕反应到接近孕12周时逐渐减轻。尿频、便秘是这个时期最常见的症状。

检查发现子宫如拳头大小，从腹部不易摸到，当憋尿时偶尔可摸到。孕3月末，你自己可以在耻骨上方摸到子宫，尤其早晨有尿时更易摸到，医生用多普勒仪可听到胎心音。

在50~70天时是早孕反应最重的时期，流产也最容易在此期间出现，你要注意防范。

第9周

孕妈妈和胎儿身体变化

孕妈妈变化

你的体重没有增加太多，但是你的乳房更加膨胀，乳头和乳晕色素加深。你需要使用新的乳罩，让你的胸部感到更舒服一些。

你的血液也在增加，到你怀孕晚期，你会有比孕前多出45%~50%的血液在血管中流动，多出的血液是为了满足胎儿的需要。

子宫增大到原来的两倍大小，腹部越来越明显，尽管此时还看不到怀孕的迹象。

胎儿变化

左心房和右心房已分划开，每分钟可跳140下左右。

长尾巴逐渐变短。

手和脚看起来像小短桨，垂体和肌肉纤维在迅速成长。

胚胎的面部器官已经明显。

小胚胎长约2厘米，形如红豆，胚芽重约4克。

孕妈妈营养与保健

孕期喝水有讲究

起床后来杯白开水

白开水对人体有“内洗涤”的作用。早饭前30分钟喝200毫升25℃ ~30℃的新鲜开水，可以温润胃肠，使消化液得到足够的分泌，以促进食欲，刺激肠胃蠕动，有利定时排便，防止便秘。早晨空腹饮水能很快被肠胃道吸收进入血液，使血液稀释，从而加快血液循环。

不要等到口渴才喝水

有些孕妈妈没有养成良好的饮水习惯，不按时喝水；有些孕妈妈因为尿频的困扰，为了减少上厕所的次数而有意少喝水，甚至忍到口渴了才喝水，这都是不应该的。口渴是大脑中枢发出要求补水的救援信号，是缺水的结果，而不是开始。感到口渴，说明体内水分已经失衡。这对于孕妈妈及胎儿来说，都是非常不利的。孕妈妈饮水应每隔2小时1次，每日8次，约1600毫升。

这些水不要喝

1 未完全煮沸的水

因为自来水中的氯与水中残留的有机物会相互作用，产生致癌物质。孕妈妈也不能喝在热水瓶中储存超过24小时的开水，因为随着瓶内水温的逐渐下降，水中含氯的有机物质会不断地被分解成为有害的亚硝酸盐，对孕妈妈身体的内环境极为不利。

2 久沸或反复煮沸的水

喝了久沸的开水以后，会导致血液中的低铁血红蛋白结合成不能携带氧的高铁血红蛋白，对健康不利。

轻松胎教方案

一周胎教要点

音乐胎教，宁静舒缓或轻柔欢快的音乐能给胎儿以宁静感，使胎儿心率平稳，对大脑发育产生良性刺激。

营养胎教：香菇鸡

材料：净鸡肉、水发香菇、大枣、葱姜丝、水淀粉、白糖、精盐、料酒、香油各适量

做法：

1 鸡肉洗净，切成条状；大枣用冷水洗净，去核；香菇洗净切丝。

2 鸡肉条、香菇丝、大枣放入碗内，加入精盐、白糖、葱姜丝、料酒和水淀粉，拌匀，隔水蒸20分钟，取出摊入平盘，淋上香油即可。

健康小贴士：补叶酸，益脾胃，养气血。

文化之旅：格林童话

《格林童话》产生于19世纪初，是由德国著名语言学家雅各布·格林和威廉·格林兄弟收集、整理、加工完成的德国民间文学，共收童话216篇，其中的代表作如《青蛙王子》、《灰姑娘》、《白雪公主》、《小红帽》等均脍炙人口。它是世界童话的经典之作，自问世以来，在世界各地影响十分广泛。

格林兄弟

德国民间文学研究者，语言学家，民俗学家。兄弟俩分别于1785年1月4日和1786年2月24日生于莱茵河畔哈瑙的一个律师家庭，分别于1863年9月20日和1859年12月16日卒于柏林。两人的经历相近，爱好相似，并先后于1802年和1803年入马尔堡大学学法律。从1806年开始，格林兄弟就致力于民间童话和传说的搜集、整理和研究工作，出版了《德国儿童和家庭童话集》(即《格林童话》)(两卷集）和《德国传说集》(两卷)。

格林童话

在《格林童话》中，格林兄弟以其丰富的想象、优美的语言给孩子们讲述了一个个神奇而又浪漫的童话故事。他们关注民间文学，搜集民间童话，亲自记录，加以整理。

其中有许多幻想丰富的神奇故事表达出人民的愿望和是非感：贪婪的富有者得不到好下场；被压迫、被歧视的劳动者和儿童经过重重灾难，最后得到胜利；农民和手工业者在受人轻视或凌辱时显示出惊人的智慧，而暴君、地主自以为有权有势，实际上却愚蠢无知，在人前丢丑。

《格林童话》带有浓厚的地域特色、民族特色，富于趣味性和娱乐性，对培养儿童养成真、善、美的良好品质有积极意义。

准爸爸不可缺席

给胎儿放音乐

从这个月起，孕妈妈要经常听些节奏柔和舒缓的音乐，准爸爸可以自己动手制作一张胎教音乐CD，把以后要放的胎教音乐刻录上去。除了本书中出现的乐曲之外，还可以加入一些中国古典的民族乐曲，如《牧童短笛》、《平湖秋月》、《喜相逢》等。

放胎教音乐千万不要强行使用传声器、刻意调到最大音量等，也不要长时间不间断聆听胎教音乐，否则会对胎儿的听力和情绪发展造成不利影响。可以间隔播放，在胎儿觉醒时，可以唱给胎儿听。

给胎儿放音乐

第10周

孕妈妈和胎儿身体变化

孕妈妈变化

孕妈妈身体变化依然不大，有过怀孕生产史的孕妈妈腹部会稍有突出，初次怀孕的女性还看不出腹部的变化。

这个阶段你的情绪变化会很剧烈，刚才还眉开眼笑，转眼间就会闷闷不乐，这时的喜怒无常是正常的情绪波动，是由于激素变化引起的，但孕妈妈要注意调整心绪，让自己顺利度过孕期。

胎儿变化

羊膜腔里有羊水，胎儿好像漂浮在里面。

脐带开始形成。

胎盘开始形成，占子宫腔容积的1/3。

胃、肠、肝等器官发育成形，原始的肝脏产生大量的红细胞。

内外生殖器的原基已经形成，但性别无法辨认。

胸部移动，就像在呼吸。

大脑发育迅速。

皮肤极薄，血管清晰可见。

手指和脚趾间好像有蹼状物。

头和躯体的区别渐清晰。

骨骼还处于软体状态，富有弹性。

胎儿开始会动。

牙和腭刚刚开始发育。

嘴巴、眼睛、耳朵也出现了，眼睛不长在两侧，但人脸的模样基本成形。

小胚胎长约2.8厘米，大小如蚕豆。

孕妈妈营养与保健

防治妊娠牙龈炎

在体内大量雌激素的影响下，从怀孕的第3个月起，你的口腔可能会出现一些变化，如牙龈充血、水肿以及牙龈肥大增生，触之极易出血，医学上称此为妊娠牙龈炎。妊娠期牙龈炎发病率为50%，一般在怀孕后2~4个月出现。

除了牙龈问题，孕期的你由于进食次数增多，喜食酸、甜食物，并忽略了清洁口腔的话，还容易得龋病、牙周病等口腔疾病。

为了预防孕期牙龈炎发生，你必须比平时更加注意口腔的护理与保健：

1 每天早晚各刷一次牙，刷牙选用软毛牙刷，餐后及时漱口，必要的时候还要用牙线清洁牙缝。

2 平时多做做上下叩齿动作，这样不仅能增强牙齿的坚固性，同时可增加口腔唾液分泌量，其中的溶菌酶具有杀菌、洁齿作用。

3 怀孕期间要经常去口腔科做检查，彻底洗牙，及早治疗龋齿、牙龈炎、牙周炎。

4 牙龈出血时多吃富含维生素C的食物。

5 如果要拔牙，应在怀孕3个月以后到7个月以前的时间进行，孕早期拔牙容易诱发流产并加重孕吐；在怀孕7个月后，因身体笨重不便与医生配合，而且有引发早产的可能。

6 尽量不要拍牙齿X光片，必须拍时，应在腹部围上“铅橡皮围裙”，以防放射线危害孕妈妈和胎儿。

贴心指导

一旦患有妊娠期牙龈炎、牙周病、龋齿等口腔疾病，应及时到医院进行诊治，以防症状加剧，对孕育也不利。

轻柔护理乳房

恰当的乳房护理可以维持乳房的外形，缓解孕期乳房的不适，同时减少哺乳期的并发症。乳房护理的主要内容包括以下几点：

乳房的支托

怀孕期乳房在体内激素的刺激下，乳腺管增生，乳腺泡发育，乳房组织发育增大；乳头易勃起，对刺激敏感；孕妈妈常有触痛、胀等不适感。此时，穿戴合适的乳罩可达到满意的效果。合适的乳罩应该具备可以随意松紧的特点；随着胸围的增大，乳罩大小需要相应调整；乳罩支持乳头所在的正确位置应是乳头连线在肘与肩之间的水平位。

乳房的清洁

清洁乳房不仅可以保持乳腺管的通畅，又有助于增加乳头的韧性、减少哺乳期乳头皲裂等并发症的发生。计划母乳喂养的孕妈妈，不主张使用肥皂和酒精来清洁乳房。孕妈妈每天用温水清洗乳房，动作要轻柔，切不可大力搓乳房，也不可用力清洗乳头，更不能用力擦洗乳头开口，以免哺乳期发生漏乳现象。

乳头的护理

正常的乳头为圆柱形，突出于乳房平面，呈一结状。乳头扁平或轻度凹陷者，往往在分娩之后会自然突出。如果乳头内陷，可致产后哺乳发生困难，甚至无法哺乳，乳汁淤积，继发感染而发生乳腺炎。故对乳头内陷者，应该于怀孕5~6个月时开始设法纠正。

人体做法是以双手大拇指置于靠近凹陷乳头的部位，用力下压乳房组织，然后逐渐向乳晕的位置向外推。每日清晨或入睡前做4~5次，待乳头稍稍突起后，用手指轻微提起使它更突出。

也可用拔火罐方法向外吸出，或用一个5毫升空注射器的外管扣在乳头上，用一橡皮管连接另一个5毫升注射器，利用负压抽吸方法也有助于乳头外突。

每次清洗乳房，用软毛巾擦干后，以手指捏住乳头根部轻轻向外牵拉，并揉捏乳头数分钟，长期坚持，可克服内陷使乳头突出。

轻松胎教方案

一周胎教要点

营养胎教，多吃些健脑食品，核桃、动物内脏、鱼虾等都是健脑食品。

营养胎教：多吃蔬果增强抵抗力

维生素C能够增强机体的免疫力，提高抗病能力，对孕妈妈十分有益。

对孕妈妈来说

1 维生素C还可以促进钙和铁的吸收，能有效防止孕妈妈缺钙和铁。

2 维生素C还是很好的肌肤营养素，有助于肌肤的美白和保湿。

对胎儿来说

维生素C有助于皮肤、骨骼、牙齿以及造血器官的生长发育，如果在胎儿牙齿的形成时期缺乏维生素C，胎儿的牙质就无法正常形成，从而影响到牙基质的发育，并且导致宝宝出生后牙齿容易受到损伤、产生龋齿。

孕妈妈每天需摄入维生素C 100~130毫克，千万不要摄入过量，如果每天超过1000毫克，就会影响胚胎发育，长时间过量服用就会导致胎儿在出生后发生坏血症。

补充维生素C的最佳方式是通过蔬果进行，含维生素C丰富的蔬果有：番茄、青椒、黄瓜、菜花、大枣、草莓、柑橘、猕猴桃等。

蔬菜要先洗再切，这样可以使溶于水中的维生素C的量减少；洗之前不要浸泡得太久；烹调时用热油急火快炒能够减少维生素C的流失，但不要煮得过久；能生吃的尽量生吃，以最大限度保留维生素C，如西红柿、水萝卜等。

贴心指导

如果孕妈妈食用蔬果仍然无法满足身体需求，可以服用维生素C制剂，不过一定要遵医嘱。

情绪胎教：心理体操

“心理体操”就是使心态柔软自然的一种心理训练方式，它可以全面消除紧张的情绪。

胎教引语：

在度过了短暂的兴奋期后，怀孕后的各种压力也会纷至沓来，既有心理方面的压力，也有身体方面的压力，所以，你有必要学习一些缓解压力的技巧，做心理体操是一种比较有效的缓解方法。

胎教意境：

心理体操第1节：深呼吸

坐在椅子上，双脚平放，闭上眼睛，用鼻子慢慢吸气，手指向外扩张；然后张嘴呼气，一点一点呼出体外，至身体放松。

心理体操第2节：重复快乐的词句

反复诵读一些乐观的词或句子，可以使呼吸变慢，思维集中到声音上，使你和胎儿安静、快乐起来，比如“宝贝，我爱你”。

心理体操第3节：接受音乐的洗礼

每天花20分钟静静地接受音乐的洗礼吧，你也可以哼唱胎儿喜欢的歌曲，这样会使你和胎儿的情绪达到最佳，还能促进胎儿的身心发育。

心理体操第4节：与幽默亲密接触

欣赏喜剧，看一些幽默、风趣的散文和随笔，收集一些幽默滑稽的图片，每天欣赏一下。幽默能让你的笑焕发光彩，笑是生活中极大的享受，可以变消极为积极，进而转变成力量。

心理体操第5节：记心情日记

每天都写上一段日记，记录一下你当天的心情，这将是一份长久的纪念，整整280天，你和一个新生命一起走过，这是值得骄傲的，你记录下的每一天都是一份充满意义的礼物。

胎教感言：

你可以邀请准爸爸一起来进行这项心理体操，这会让做操气氛更温馨，并且准爸爸还可以通过自己的幽默来开发你的美丽笑容，体操效果会更好。你还可以将自己的手工成果和一些与宝宝相关的东西放到房间，小生命到来的提醒会让你更舒服些。

电影胎教：《魔法保姆麦克菲》

片名：《魔法保姆麦克菲》
导演：柯克·琼斯
编剧：艾玛·汤普森
主演：艾玛·汤普森 / 柯林·费尔斯 / 凯莉·麦克唐纳 / 托马斯·桑斯特
语言：英语
片长：97 分钟

胎教引语：

看电影容易让人放松心情，舒缓情绪，获得有益的信息，一部好电影还可以提升孕妈妈和胎儿的美学修养。

胎教意境：

这个电影讲了这样一个故事：一个有许多孩子的家庭里，孩子特别闹，没人管得住。魔法保姆麦克菲出现了，她运用魔力管住了这些孩子们，并且教会他们好孩子应有的品质，比如：信念、勤劳、勇敢等。孩子们在长大，一天天在麦克菲的调教下变乖，和孩子们在一起的日子，总是很有趣。这是一部适合一家三口一起观看的影片。

胎教感言：

《魔法保姆麦克菲》是一部温情儿童喜剧片，推荐给孕妈妈的一个最重要的原因是，它也是一部童话式的影片，有一点温馨，有一点幽默，有一点魔幻，再加上可爱调皮的孩子，无论怎样，都是令人开心的组合。

准爸爸不可缺席

陪老婆一起散步

孕妈妈怀孕后可能有些犯懒，也可能是因为过分担心胎儿的健康，平时热爱运动的也不敢运动了，变得安静起来。适当的运动，对孕妈妈和胎儿都有好处，准爸爸要多提醒老婆活动一下，如果时间允许，还可以和老婆一起活动，散散步、做做瑜伽、辅助老婆做些体操等。

散步是一种很好的运动。每天可在相对固定的时间，走固定的路线，边走还可以聊聊一天的工作和生活，讲讲生活中的趣事趣闻，逗老婆开心。这样既可调节老婆的情绪，又达到了健身的目的，以后等孩子出生，你们再一起走这条路，那时会感觉多么甜蜜啊。

第11周

孕妈妈和胎儿身体变化

孕妈妈变化

孕妈妈血液循环加快，口渴感频繁。

早孕反应开始减轻，食欲缺乏的现象欲结束。

孕妈妈的腰围变粗，体重约增加1千克。

胎儿变化

从本周起胎儿已不能再叫“胚胎”了，已有人的模样，可以称“胎儿”了。

所有的器官、肌肉、神经都开始工作。

胚胎的小尾巴不见了。

手腕开始有些弯曲，指(趾）间的蹼状物消失。

四肢由小肉芽发育成软骨，胎儿长约3~8厘米。

孕妈妈营养与保健

缓解孕期消化不良

孕期消化不良是由于体内孕激素含量增加，胃肠蠕动减弱，胃酸分泌减少，加上逐渐增大的子宫压迫胃肠造成的，是正常现象，这种现象到孕晚期会更明显。

想要避免消化不良几乎是不可能的，不过，有一些不错的方法，可以在大多数的情况下缓解心脏疼痛和消化不良，并在发作时能减轻不适感。

1 食欲缺乏时要少吃多餐，择己所好，吃一些清淡、易消化的食物，如粥、豆浆、牛奶以及水果等，少吃甜食及不易消化的油腻荤腥食物。

2 食欲改善后，可增加蛋白质丰富的食物，如肉类、鱼虾和豆制品等。

3 避免体重过度增加，体重过重会对胃部造成过大的压力。

4 穿衣时不要将腹部或腰部束得太紧。

5 缓慢进食，小口吃东西并充分咀嚼。

6 饭后半小时左右吃点无糖口香糖，这能够减少过多的胃酸。

7 避免腰部弯曲，可用膝盖弯曲来代替放松。

8 睡觉时头部垫高15厘米，向左侧卧也有帮助。

9 任何精神方面的不良刺激，都会招致消化不良，孕妈妈要及时释放不良情绪，保持心情愉快，可以多听音乐或观赏美术作品等。

10 为增加食欲，保持适当的活动是必不可少的，每天散散步，做一些力所能及的工作和家务，不仅能增进消化，也有利于宝宝的生长发育。

贴心指导

孕期消化不良对你来说可能不太舒服，但却对宝宝有益，因为消化速度减慢，可以使营养更好地吸收进血液中，并通过胎盘提供给胎儿。建议孕妈妈不要用药，如果症状比较严重，可考虑在医生的指导下用一些相对安全的助消化药物。

慎用化妆品和香水

孕期建议孕妈妈使用婴儿系列的安全护肤用品。一些高科技生化产品最好不要使用。怀孕的女人最美，本不再需要靠化妆品来加分。为了宝宝的健康，以下化妆品和美容产品一定要杜绝使用。

1 染发剂。染发剂不仅会引起皮肤癌，而且还会引起乳腺癌，导致胎儿畸形。

2 冷烫精。冷烫精会加剧头发脱落，还会影响胎儿的正常生长发育，少数孕妈妈还会对其产生过敏反应。

3 口红。口红中的油脂除了会吸附空气中各种对人体有害的重金属微量元素，还可能吸附大肠杆菌进入胎儿体内，而且还有一定的渗透性。

4 脱毛剂、指甲油、雀斑霜、香薰精油。含有对人体有害的化学物质，容易导致流产或胎儿畸形。

严重妊娠反应要看医生

妊娠反应严重时，呈持续性呕吐，不能进食、进水，称为妊娠剧吐。症状轻者，可有反复呕吐、厌食、挑食、无力，不能坚持正常的工作和学习。症状重者，呕吐发作频繁，不能进食、进水，呕吐物除食物、黏液外，可有胆汁或咖啡色血样物，全身乏力，精神委靡不振。需要别人搀扶行走，明显消瘦。

妊娠反应严重者一定要去看医生，寻找一下原因。除了遵医嘱补充一些必要的营养品，还要尽量保持愉快的心情。要相信，妊娠反应是正常的生理表现，下个月会明显减轻，甚至消失。这只是妊娠中的一个小插曲。

轻松胎教方案

一周胎教要点

音乐胎教，孕妈妈多听自己熟悉的音乐，并轻轻哼唱给胎儿听，表达对胎儿的爱，带给胎儿安宁的感受。

音乐胎教：《春之歌》

《春之歌》是德国作曲家门德尔松著名的钢琴曲集《无歌词集》(第62号作品）中最为著名的一首。此曲创作于1842年6月，当时门德尔松正在英国伦敦，在初夏晚春的坎伯韦尔大草坪附近，他写下了这首风一般悠扬的名曲。

无歌词又名无言歌，顾名思义是没有歌词的曲子，一般由钢琴演绎，是门德尔松首创的一种小型器乐体裁。无言歌曲目通俗易懂，具有很强的旋律性，曲调纯净优雅，虽创作之初为钢琴曲，但之后被改编为管弦乐以及提琴等器乐独奏曲，在民间广为流传，现代也被视作古典赏析的入门曲目。

胎教引语：

怀孕后，孕妈妈和胎儿听的音乐可以逐步丰富起来，种类也可以渐渐多一些，钢琴、大提琴、管弦乐等各类乐曲都可以听一听。

胎教意境：

《春之歌》描写了大地春回、万物复苏的蓬勃气象。主旋律绚丽多姿、委婉迷人，串串音符犹如飘飞的花絮，展现出春光的明丽与妩媚。而伴奏部分那流畅跃动旋律，就像是竖琴奏出，仿佛淙淙溪水，缓缓流过，更烘托出春的意境与活力。

与主旋律相伴，还有一支旋律意在刻画人们置身于春色之中激动兴奋的心情，它装束在《春之歌》的中间部分，使这幅春色画图更增添几许纷纭与迷离，产生一种心旷神怡的愉悦感和一种春深似海的神秘感。

这首乐曲的结尾再现了明媚如歌的主旋律，又回顾了激荡兴奋的惜春之情，在寂静安恬的气氛中，音乐渐渐弱下来，消逝在无尽的春光之中。含蓄而平静的终止，给人以余韵未绝、意蕴愈深的奇妙联想，使《春之歌》仿佛获得永恒的生命。

在听这首歌的时候，听者很容易被曲中流水般轻柔的浪漫旋律所吸引，而被带人到一种快乐的气氛中去。

胎教感言：

准爸爸低音唱歌、大提琴独奏曲或歌声和乐曲之类，胎儿最容易接受，孕妈妈亲自哼唱歌曲，如哼唱几首自己喜欢的抒情歌曲，或是优美而又富有节奏的小调、摇篮曲等，都会达到十分满意的效果。

故事胎教：《闻味儿与听声儿》

阿凡提骑着他的小毛驴去赶集。在热闹的集市上转悠了半天，肚子有些饿了，便找到一家饭店，把小毛驴拴在外面，走了进去。一进门，他看见饭店掌柜的正扯着一个穿着破烂衣服的穷汉大声吆喝："你这穷小子，不留下钱就走，没那么便宜！"

穷汉也不示弱："凭空就想掏人的腰包，也没那么便宜！"阿凡提是个爱管闲事、专打抱不平的人。他走上前去，指着那个穷汉问掌柜的："他为什么应该给你钱？"掌柜的看了阿凡提一眼，说："他在这儿坐了半天，饭菜的香味他都闻去了。他还带了一个饼来，等我的饭菜香味都跑到他的饼里去了，他才吃，吃完就想走。你说，还能白闻味儿吗？"阿凡提问那个穷汉："是这么回事吗？"穷汉说："我本来想在这里吃顿饭，钱不够了，就坐这儿指望能讨点剩饭剩菜吃，可运气不好，没有讨着，只好眼巴巴地吃掉自己带来的饼。就这样，掌柜的非要我给他闻味儿的钱不可，哪有这种道理！"掌柜的蛮横地说："不能闻了白闻！"阿凡提对掌柜的说："让我跟他说，他会把闻味儿的钱给你的。"转身又对穷汉说："你把手里的钱都给我，我会让你们都满意的。"穷汉迟迟疑疑地把钱交给了阿凡提。阿凡提把接过的钱握在两个手中，举到掌柜的耳边使劲地摇晃，问："听见了吗？听到钱的声音了吗？"掌柜的对钱的碰击声特别爱听，满脸堆笑地说："听见了，听见了。"接着，阿凡提把钱还给那个穷汉，并说："你可以走了。"

"你凭什么把他放走？"掌柜的气哼哼地说，忙拦住穷汉，"不给钱就休想走出店门！"阿凡提说："你俩两抵了，他怎么就不可以走？""怎么'两抵'了？"掌柜的丈二和尚摸不着头脑。阿凡提说："他闻了你饭菜的香味，他不给你钱；你听了他的钱的声音，你也不用给他钱，这不'两抵'了吗？"掌柜的一听，傻眼了，只好让穷汉走了。

胎教引语：

胎儿喜欢听故事，更喜欢听生动有趣的故事，在妈妈的子宫里，胎儿并不寂寞，靠触觉、视觉，尤其是靠听觉与外界保持着联系，整个世界的声音都对胎儿有着强烈的吸引力。

胎教感言：

像这样有趣的胎教故事，孕妈妈可以和准爸爸一起给胎儿读，一人负责其中一个或几个角色，增加故事的生动性，尝试着写一出剧本也是不错的。

营养胎教：姜母鸭

材料：鸭块200克、姜、米酒、精盐、植物油各适量。

做法：

1. 姜洗净，1/3切成丝，1/3切成片，1/3剁成末用纱布挤出汁。
2. 鸭块洗净，放入肺水中快速氽过，捞出沥水。
3. 锅中倒油烧热，放入姜片炒出香味，加入鸭块一起煸炒，再加精盐、姜汁、米酒煮开，倒入碗中，撒上姜丝，入蒸锅中小火蒸2小时即可。

健康小贴士：养胃止呕。

准爸爸不可缺席

营造良好的家庭气氛

在孕妈妈的整个妊娠过程中，大多数的时间都是在家中度过的，家庭气氛和谐与否对胎儿的生长发育影响很大。

准爸爸营造家庭气氛的方法

准爸爸应体贴照顾老婆，主动承担家务，常陪老婆消遣，无吵闹现象。

准爸爸要做到不过量饮酒，不在老婆面前抽烟，节制性生活。

准爸爸还应多看一些家庭幽默书籍，以活跃家庭气氛，增进夫妻情趣。

多听听老婆的意见和想法，帮助她实现心中所想。

如果与父母同住，准爸爸还要注意调节婆媳关系，避免婆媳矛盾影响家庭关系。

时常布置一下家庭环境，改换一下家具的位置，或添置一些有趣的小玩意等，可能给孕期的老婆带来意想不到的惊喜。

第12周

孕妈妈和胎儿身体变化

孕妈妈变化

大多数孕妈妈恶心呕吐的症状已经减轻，疲劳嗜睡的阶段也已经过去，你会感到精力充沛。

你的皮肤可能有些变化，一些孕妈妈的脸和脖子上不同程度地出现了黄褐斑，这是孕期正常的特征，在宝宝出生后就会逐渐消退。

这时你还可能看到，在你的小腹部从肚脐到耻骨出现了一条垂直的黑褐色妊娠线。

胎儿变化

生殖器官开始发育。

手腕已成形，脚踝开始发育，手指、脚趾清晰可见。

手臂长了一些，肘部也变得弯曲。

手、脚、头以及全身都可以灵活地动了。

耳朵已经形成，但还没有作用。

长出眼皮，眼皮黏合在一起，至27周后才能睁开。

胎儿长约4.9厘米，形似扁豆。

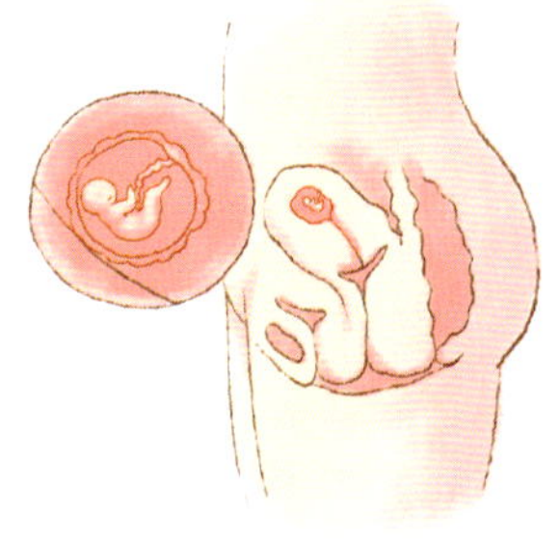

孕妈妈营养与保健

如何应对失眠

有的孕妈妈由于体内激素变化导致情绪不稳，或者饮食习惯改变，或者因为尿频频繁起夜，或者因为半夜抽筋等原因，导致睡眠质量不佳。所以除了孕妈妈要注意调整自己的情绪，保持一份好心情外，家人的关心和体贴也是必不可少的。

孕妈妈一定要均衡饮食，避免食用影响情绪的食物，例如咖啡、茶、油炸食物等。如果经常在睡眠中抽筋，就必须调整睡姿，尽可能左侧卧位入睡，并且注意下肢的保暖。另外，多吃蔬菜和水果，少吃动物性蛋白质、精淀粉(如白面包、白米饭、甜食等)。万一发生抽筋，请家人帮忙热敷和按摩，以缓解抽筋的痛苦，早点入睡。

除了以上原因外，孕期还有可能因为头痛、胸痛、胃痛、腰痛、腹痛等原因导致失眠。

综上所述，造成失眠的原因颇多，孕妈妈要找到失眠的原因，原因排除除，失眠自愈。出现失眠不必过分担心，越是紧张，越是强行入睡，结果适得其反。担心所致的过分焦虑，对睡眠本身及其健康的危害更大。可在睡前饮一杯加糖的热牛奶，牛奶具有镇定安神作用，从而促使人体安稳入睡。

教你看B超单

怀孕期间，孕妈妈将做2~3次的超声波检查，B超单上的各种数字都说明了什么呢？报告单一般包括以下几方面内容：胎囊、胎头、胎心、胎动、胎盘、股骨、羊水和脊柱。它们各说明什么问题，什么情况下正常，而什么情况下又属异常呢？这里提供一些参考指标。

1 胎囊：胎囊只在怀孕早期见到。它的大小，在孕1.5个月时直径约2厘米，2.5个月时约5厘米为正常。胎囊位置在子宫的宫底、前壁、后壁、上部、中部都属正常；形态圆形、椭圆形、清晰为正常；如胎囊为不规则形、模糊，且位置在下部，孕妈妈同时有腹痛或阴道流血时，可能要流产。

2 胎头：轮廓完整为正常，缺损、变形为异常，脑中线无移位和无脑积水为正常。BPD代表胎头双顶径，怀孕到足月时应达到9.3厘米或以上。按一般规律，在孕5个月以后，基本与怀孕月份相符，也就是说，妊娠28周（7个月）时BPD约为7.0厘米，孕32周（8个月）时约为8.0厘米，以此类推。孕8个月以后，平均每周增长约为0.2厘米为正常。

3 胎心：有、强为正常，无、弱为异常。胎心频率正常为每分钟120~160次之间。

4 胎动：有、强为正常，无、弱可能胎儿在睡眠中，也可能为异常情况，要结合其他项目综合分析。

5 胎盘：位置是说明胎盘在子宫壁的位置；胎盘的正常厚度应在2.5~5厘米之间；钙化一项报告单上分为Ⅲ级，Ⅰ级为胎盘成熟的早期阶段，回声均匀，在怀30~32周可见到此种变化；Ⅱ级表示胎盘接近成熟；Ⅲ级提示胎盘已经成熟。越接近足月，胎盘越成熟，回声越不均匀。

6 股骨长度：是胎儿大腿骨的长度，符号为FL。它的正常值与相应的怀孕月份的BPD值差2~3厘米左右，比如说BPD为9.3厘米，股骨长度应为7.3厘米；BPD为8.9厘米，股骨长度应为6.9厘米等。

7 腹围：AC代表腹围，是胎儿肚子一周的长度。

8 羊水：羊水深度在3~7厘米之间为正常，超过7厘米为羊水增多，少于3厘米为羊水减少。

9 脊椎：胎儿脊柱连续为正常，缺损为异常，可能脊柱有畸形。

10 脐带：正常情况下，脐带应漂浮在羊水中，如在胎儿颈部见到脐带影像（血流信号），可能为脐带绕颈。

孕期正常参数值

孕周	双顶径(平均值)厘米	腹围(平均值)厘米	股骨长(平均值)厘米
16周	3.62±0.58	10.32±1.92	2.10±0.51
18周	4.25±0.53	12.41±1.89	2.71±0.46
20周	4.88±0.58	14.80±1.89	3.35±0.47
22周	5.45±0.57	16.70±2.23	3.82±0.47
24周	6.05±0.50	18.74±2.23	4.36±0.51
26周	6.68±0.61	21.62±2.30	4.87±0.41
28周	7.24±0.65	22.86±2.41	5.35±0.55
30周	7.83±0.62	24.88±2.03	5.77±0.47
32周	8.17±0.65	26.20±2.33	6.43±0.49
34周	8.61±0.63	27.99±2.55	6.62±0.43
36周	8.81±0.57	29.44±2.83	6.95±0.47
38周	9.08±0.59	30.63±2.83	7.20±0.43
39周	9.21±0.59	31.34±3.12	7.34±0.53
40周	9.28±0.50	31.49±2.79	7.40±0.53

什么是高危妊娠

在妊娠期有某种病理因素或致病因素可能危害孕妈妈、胎儿与新生儿或导致难产者称为高危妊娠。常见的高危妊娠包括以下几种原因。

1 几种妊娠合并症：心脏病、糖尿病、高血压、肾病、肝炎、甲亢。

2 可能发生分娩异常者：胎位异常、巨大儿、多胎妊娠、骨盆异常、软产道异常。

3 胎盘功能不全。

4 妊娠期接触大量放射线、化学毒物及服用过对胎儿有影响的药物。

5 盆腔肿瘤，曾有手术史。

6 孕妈妈的年龄为35岁以上。

7 有异常妊娠病史者：自然流产、异位妊娠、早产、死产、死胎、难产、新生儿死亡。

8 各种妊娠并发症：妊高征、前置胎盘、胎盘早剥、羊水过多或过少、宫内生长迟缓、过期妊娠、母儿血型不合。

孕妈妈如果有以上情况，应积极听从产科医生的指导，配合监护和治疗。另外，孕妈妈还要增加营养和注意休息。

轻松胎教方案

一周胎教要点

运动胎教，孕妈妈的运动会使羊水摇动，刺激胎儿全身皮肤，好比给胎儿做按摩。孕妈妈适量运动，可以增进对胎儿的触觉刺激，有利于大脑发育。

对话胎教：与家务活完美结合

如果没有别人的陪伴，做家务多是比较闷的事情，可是语言胎教则随时随地都可以展开，不妨将做家务和语言胎教结合起来，既做了家务，又做了运动，还进行了语言胎教，一举多得。

边做家务边和胎儿说话

在你开始做家务前，可以先抚摸一下腹部，跟胎儿说："宝宝，现在我们开始做家务了。"然后，做好必要的防护措施，比如戴上胶手套、口罩，穿上防滑鞋等，再开始做家务。

在你洗碗时，你可以边洗边告诉胎儿你们今天吃了什么菜，这些菜对身体有什么好处，怎样洗碗才能更干净、更卫生等。

打扫房间时，你可以跟宝宝讲一讲家里是什么样子，你在家里的感受等。

总之，只要你觉得说给宝宝听很快乐，那么就让这种快乐继续，千万不要勉强自己一直说，如果你觉得说累了，不妨停下来，要知道，勉强的语气会降低胎教效果。

合理安排"语言家务"

当你的家务活做起来不那么枯燥时，你和准爸爸不妨为你们每周的家务活制订一个合理的计划，这样你的孕期生活将会更规律、更舒适，还能在家务活上节省很多时间来做其他的事情。

你可以将采购、打扫房间、擦洗家具、冲洗卫生间、整理厨房、洗碗等事情分配在合适的时间，这样一来，就可以事先将想做的胎教内容安排在合理的时间段，可以将计划制订成表，这样日子会变得很充实，感到踏实和安全，也就会感到很快乐。

孕妈妈做家务时的注意事项

1 洗菜、刷洗碗碟时尽量不要把手直接浸入冷水里，因过凉受寒有可能诱发流产。

2 洗衣服时用温水，而且用力不要过猛，姿势要稳，不要蹲着洗，因为蹲位可使胎儿受压，影响血液的循环。晒衣服时动作要轻柔，不要向上伸腰，晒衣绳应放得低一些。

3 避免久站，做家务一段时间后休息一会儿，不可太劳累。

4 有条件的孕妈妈应少进厨房，并尽可能把停留在厨房里的时间缩短，厨房里应保持良好的通风换气。

音乐胎教：《杜鹃圆舞曲》

《杜鹃圆舞曲》是根据挪威作曲家约纳森创作的一首同名钢琴曲移植的手风琴曲，据说这首曲子是约纳森在1918—1930年间为无声影片做钢琴配音时即兴配音而作，曲调优美，音乐形象生动鲜明，带有浓浓的春意，特点是模仿杜鹃鸣叫的音调。

胎教引语：

好的音乐不仅让人通体舒畅，还能让人听到无法亲临体会的美丽场景。

胎教意境：

《杜鹃圆舞曲》在曲调和节奏上，具有挪威民间舞曲的风格，乐曲一开始节奏轻快、活泼，描绘了一幅生机盎然的景象，接着曲调表现出杜鹃在林中飞来飞去的浓浓春意，形成了温和、迷人的气氛。《杜鹃圆舞曲》由于曲调优美，音乐形象生动鲜明，深受人们的喜爱。

胎教感言：

春天是一个充满了希望和朝气的季节，《杜鹃圆舞曲》用音乐为孕妈妈和胎儿带来了春天的声音，听这首春意盎然的曲子，能让孕妈妈一整天都充满朝气和活力，赶走孕期的心理压力，胎儿也能受到乐曲的感染，体验到欢快的情绪。

准爸爸不可缺席

陪老婆产检

孕妈妈身体不便，去医院产检，最好有家人陪同，如果准爸爸能够亲力亲为是再好不过了。因为医院产科门诊处总是人满为患，尤其是专门的妇幼医院。而孕妈妈一次产检一般需要小半天，挂号、分诊、交费都需要排队，看完医生后会给开出一些检查项目，还需要排队交费、再排队检查，有时需要翻来覆去好多次，如果检查的地方和收费窗口较远，孕妈妈转来转去很耗体力，也不安全。所以这些体力活也需要准爸爸来代劳了，孕妈妈只需等在门诊口或检查室外，静静坐着即可。

每次产检都有老公陪同的老婆是幸福的，检查结果出来也能第一时间看到，交流一下，妻子的压力也小，心情也能放松。做完B超出来，交流一下小宝宝多长了，脑袋多大了，腿骨多长了，比上次检查长大了多少，是不是也很有趣呢？

我会吮手指头了

在妊娠中期，孕妈妈的早孕反应大多已消失，此期间是整个妊娠期间最舒服的时期。孕妈妈腹部隆起，从外表上已可看出孕妈妈的模样。此期孕妈妈增重6~7千克，其中胎儿重约0.9千克。

痛苦的孕吐已结束。孕妈妈的心情会比较舒畅，食欲也于此时开始增加。频尿与便秘现象渐渐消失，但分泌物仍然不减。

此阶段结束时，胎盘已经长成，流产的可能性已减少许多，可算进入安定期了。

这时子宫如小孩子头部般大小，已能由外表约略看出“大肚子”的形态。基础体温下降，会持续到分娩时都保持低体温状态。

第13周
孕妈妈和胎儿身体变化

孕妈妈变化

孕妈妈的乳房迅速地增大，腹部和乳房的皮下弹力纤维断裂，在这些部位出现了暗红色的妊娠纹。有的孕妈妈除了腹部和乳房，在臀部和腰部也出现了妊娠纹，这时应进行适当的锻炼，增加皮肤对牵拉的抗力。对于局部皮肤可以使用祛纹油进行适当的按摩，促进局部血液循环，增加皮下弹力纤维的弹性。为了产后的美丽容颜和健康体形，怀孕期在补充营养的同时也要注意避免体重增加过快或过多。如果有条件的话，可以开始参加孕校学习了。

胎儿变化

脊神经开始生长，能看到脊柱的轮廓。

胎儿开始做吸吮、吞咽、踢腿动作。

两腿交替伸出做出“走”的动作和“蹬”自行车的动作，被称为“原始行走”，胎儿长约6厘米，体重约16克。

孕妈妈营养与保健

孕期合理补钙

钙是人体内含量最多的矿物质，孕妈妈消耗的钙量要远远大于普通人，若孕妈妈没有注意补充钙，会出现这样的情况：

1 孕妈妈血钙浓度降低，出现抽筋、酸痛、水肿等现象，严重的话会变为高血压、难产、牙齿松动、骨质软化症、产后乳汁不足等，进而影响未来的健康。

2 胎儿发育所需要的钙是由母体透过胎盘来供给，其中有99%用来制造骨骼，如果孕妈妈饮食摄取的钙不足，可导致胎儿的骨骼与牙齿发育不良，新生儿也因为血钙低而容易惊厥，易有水肿发生。

孕期补钙是孕妈妈的一项重要工作。我国营养学会推荐的钙供给量为成年人每天800毫克。为保证胎儿骨骼的正常发育，又不动用母体的钙，到孕中期以后，孕妈妈每天需补充1000毫克钙，晚期更可达1200毫克。

孕期补钙的途径：

1 摄取含钙量丰富的食品，如奶制品、海产品、大豆及豆制品、深绿色的叶菜等。其中牛奶中的含钙量极为丰富，一般一袋250毫升的牛奶可补充250毫克的钙，孕妈妈每天喝2袋牛奶即可。其中一袋应该在晚上睡前喝，这样可以维持半夜血钙正常，防止腿抽筋。乳糖不耐受的孕妈妈，可以改喝酸奶，也可以补钙。一袋150毫升的酸奶的含钙量，也相当于一袋250毫升的牛奶。

2 适当增加运动，可通过骨骼肌的运动使钙沉积在骨骼上，有利于钙被机体利用。孕妈妈可以在阳光明媚的大路上散步，每天坚持30~40分钟，或者在宽敞的操场上做孕妈妈保健操。

3 增加户外活动，接受紫外线的照射，使体内产生促进钙吸收的维生素D。

4 补充维生素D和钙剂。这一点是因人而异的。一般而言，通过日常的均衡膳食和增加奶制品的摄入，可以基本满足人体对于钙的需求，不需要服用补钙制剂。对于缺钙的孕妈妈，应该在医生指导下服用钙片补充钙质。

5 孕妈妈在喝骨头汤的时候不妨放点醋，因为在一定的酸性环境下，骨头中的钙离子容易游离出来，有助钙的吸收。

6 孕妈妈在补钙的同时要注意磷的补充，如果磷摄入不足，会影响钙的吸收，可以多吃一些海产品，如海带、虾、蛤蜊、鱼类等。

贴心指导

孕妈妈需要注意的是，补钙并不是越多越好，摄入钙过多，可能干扰人体对于其他微量元素的吸收利用，也可能导致患肾结石病的危险性增加。而且过度补钙会使钙质沉淀在胎盘血管壁中，引起胎盘老化、钙化，分泌的羊水减少，使得胎儿头颅过硬，影响分娩。

私密处护理办法

孕妈妈由于激素的作用，下身的分泌物增多、外阴潮湿，很容易滋生细菌。同时，孕妈妈的抵抗力也下降了，比常人更易外感细菌，于是各种妇科炎症便容易缠上孕妈妈。一般而言，霉菌性阴道炎最为多见。如果患病，不仅孕妈妈不适苦恼，严重的话，还会对胎儿造成一定的危害，越到孕后期，对胎儿的影响越大。这种影响并不是引起胎儿畸形，而是容易引起宫内感染，导致早产或其他一些胎儿的感染性疾病。所以做好私密处的卫生是非常重要的。

1 保持外阴清洁，每天用温开水清洗外阴2~3次。因为孕妈妈身体不便，每天端一个盆清洗会阴很不方便，所以只要生活条件允许，建议还是每天淋浴。淋浴时用清水清洗就可以了，切忌将手指伸入阴道内掏洗。不要用碱性皂清洗阴道，这样会使阴道呈碱性，利于致病菌的侵入与繁殖。

2 勤换内衣、内裤，洗净的衣裤不要放在阴暗角落晾干，应放在太阳底下曝晒。内裤的洗涤最好以中性肥皂单独清洗，不要和其他衣服一起洗。

3 不要穿着太紧的裤子或裤袜，尽量保持通风干燥。

4 便前便后都要洗手，便前洗手其实更重要，如果手不干净，再拿卫生纸擦会阴部，势必会把手上的病菌带到会阴部。如果身体抵抗力下降，很可能就会引起感染。大便后，要从前面向后面擦拭，避免将肛门周围的残留大便或脏物带入阴道内。

5 如果孕妈妈患阴道炎症，切不可擅自用药，冲洗时由于不知深浅，很易引起先兆流产或流产。患了阴道炎，最好在医生指导下，对症选用清热燥湿、止痒的中药煎汤坐浴，尽量不要冲洗。

选择合适内衣裤

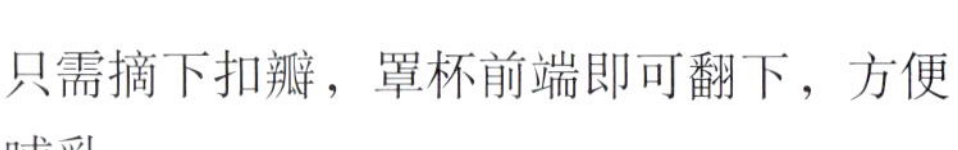

孕妈妈从怀孕到生产，乳房约增加原先罩杯的两倍，所以，孕妈妈要随着孕周增加和乳房变化选择合适的文胸。

最好选择全罩杯，并有软钢托支撑的。面料宜选纯棉面料。

合适的肩带应该在肩胛骨和锁骨之间，这样胸部不会有束缚感。选购时试穿好后再购买。

孕后期可以选择哺乳文胸，产后可以继续使用。哺乳时不用将整个文胸脱下，只需摘下扣瓣，罩杯前端即可翻下，方便哺乳。

选择内裤也很有讲究，孕妈妈腹围不断增大，内裤最好选择专为孕妈妈设计的带有活动可调腰带的内裤。因为孕妈妈的阴道分泌物增多，最好选择透气性好、吸水性强及触感柔软的纯棉内裤。在妊娠晚期，还可以选择有托腹作用的内裤，减轻腹部的压力。

轻松胎教方案

一周胎教要点

运动胎教，做一些舒缓运动，活动腿部，可以选择一些简单瑜伽动作，也可有针对性地做些骨盆肌锻炼。

营养胎教：鲫鱼

鲫鱼可补充胎儿大脑发育所需的营养，经常吃对预防和治疗先兆流产、妊娠性水肿有很好的功效。鲫鱼不仅孕期可以用来进补，产后还可以用来催乳。

美食推荐：鲫鱼菜花羹

材料：鲫鱼1条，菜花120克，香油1小匙，植物油、姜片、盐各适量。

做法：

1 鲫鱼宰杀洗净，再用盐水浸泡5分钟后洗净；菜花去粗梗，洗净，切成朵。

2 锅内放油，烧热，把生姜爆香，下鲫鱼稍煎，加适量水，煮30分钟，下香油、菜花煮熟，加盐调味即可。

更多美食选择：萝卜丝鲫鱼汤、清蒸鲫鱼、葱烤鲫鱼。

小窍门：

1 鱼的表皮有一层黏液，非常容易打滑，切鱼前将手放在盐水里浸泡一会儿再切，就不会打滑了。

2 将鱼去鳞剖腹洗净后放入盆中，倒入一些黄酒或牛奶腌一会儿，能除去鱼的腥味，并使鱼的味道更加鲜美。

3 油炸前，在鱼块中加几滴醋、几滴料酒，腌3~5分钟，炸出来的鱼块香而味浓。

4 烧鱼时火力不宜太大，加水不宜多，稍淹没锅中的鱼为宜，边烧边把汤汁淋在鱼上，可使鱼肉不至于被烧烂。

5 如果把鲫鱼煎黄后放入砂锅慢慢煲，味道会更纯正。

贴心指导：

感冒发热期间不宜多吃鲫鱼，根据传统经验，鲫鱼不宜和大蒜、砂糖、芥菜、猪肝、鸡肉以及中药麦冬、厚朴一同食用。

瑜伽胎教：莲花座

瑜伽是一种很柔软的运动，非常适合孕妈妈的生理需要，兼具塑身健体、净化心灵的功效，孕妈妈练习瑜伽，不但能锻炼身体，还能减轻各种妊娠反应，有利于孕妈妈调整身心，孕育出更加健康聪明的胎儿。

孕期练习瑜伽的诸多好处

1 瑜伽能帮助孕妈妈健体塑身。孕妈妈练习瑜伽可以增强体力和肌肉张力，同时还能够很快地控制呼吸。此外，针对腹部练习的瑜伽可以帮助孕妈妈产后重塑身材。

2 瑜伽能帮助孕妈妈调整情绪。瑜伽的功用之一就是可以使身体、心智和精神达到平衡协调。孕妈妈在妊娠期间，应当要尽可能地使自己的身体保持健康，情绪保持稳定。练习瑜伽可以让人充满自信，身心和谐，对身体健康产生巨大的影响。

3 练习瑜伽是很好的胎教方法。胎儿与母体血脉相连，孕妈妈在练习的同时，也会给予胎儿适当而温和的刺激和按摩，母体血液循环的增强，也增加了对胎儿的氧气和营养供给，这些都会促进胎儿大脑和身体的发育，使得胎儿出生后变得更加灵活敏锐。

4 有助于顺产。练习孕期瑜伽可不知不觉地放松腹部肌肉，这对于缓解或减少生产过程中的痛楚和不适大有帮助，有助于顺产。

5 改善睡眠，消除失眠。练习孕期瑜伽能让你的睡眠更香，更容易入睡，并一觉睡到天亮。

孕期可坚持练习熟悉的体式

有一些瑜伽体式是可以在孕期常常练习的，熟悉几种体式后，在你以后的孕期中，可以坚持练习这些体式。

练习瑜伽前的准备活动：

1 选择一个宽敞安静的地方，你家的大床或是客厅都是很不错的选择，穿上宽松舒适的衣服，当你想要练习时，半小时内不要进食或洗澡，这些可以留到练完后进行。

2 接下来，你需要做一点热身，可以盘坐下来，挺直腰背，双肩放松，下巴微收，吸气，慢慢呼气，同时头部轻轻转向右侧，然后吸气，头部还原，反侧重复，直到完全放松。

莲花座

长期练习莲花座可以帮助你远离愤怒、嫉妒，使内心平静。下面是这个体式的要领：

1 盘膝而坐，手臂伸直。

2 脚拇指内侧用力，脚掌朝向两边。

3 呼气之后屏气，提肛提会阴，腹部下沉，低头保持一会儿，吸气时慢慢放松。

4 反复数次，若是身体不适，应马上休息，每次练习3~5分钟即可。

贴心指导 团体练习持续力强，如果条件许可，孕妈妈可以选择专门为孕妈妈开班授课的瑜伽教室。团体一起上课，比自己一个人在家练习，效果更好，因为看到有那么多人跟自己一样，为了肚里的胎儿努力，会强化继续下去的决心。

准爸爸不可缺席

给胎儿讲故事

讲故事的方式有两种：一种是任意发挥，讲随意编就的故事；一种是读故事书，最好是图文并茂的儿童读物。内容宜短，宜轻快和谐，不宜讲较易引起恐惧和伤感以及使人感到压抑的故事。

讲故事时，让老婆取一个自己感到舒服的姿势。

讲故事时吐字要清楚，声音要和缓，要防止平淡乏味，应以极大的兴趣绘声绘色地讲述故事的内容。

故事内容要浅显易懂，不要过于深奥。

不要把讲故事变成每天的功课，要在娱乐当中给胎儿讲故事，也可以结合自己的兴趣。

讲故事的过程中要注意与胎儿互动，可以分角色饰演，多问问胎儿的感觉，假想一下胎儿的反应，这样更能调动积极性。

第14周
孕妈妈和胎儿身体变化

孕妈妈变化

孕妈妈分泌物开始增多。阴道分泌物又称为“白带”，它是阴道和宫颈的分泌物，含有乳酸杆菌、阴道脱落上皮细胞和白细胞等。孕妈妈体内雌激素水平和生殖器官的充血情况直接影响阴道分泌物的多少。怀孕时体内雌激素水平较高，盆腔及阴道充血，阴道分泌物增多是非常自然的现象。正常的分泌物应是白色、稀薄、无异味，如果分泌量多而且颜色、性状有异常，应请医生检查。这时应注意保持外阴部的清洁，内裤应选用纯棉织品，并坚持每天清洗，避免使用刺激性强的皂液。

孕中期一些孕妈妈开始感到精力有所恢复，原来十分疲惫的身体开始有所恢复了，肤色和体形都有所变化，这时更应注意仪容。妊娠期间由于体内雌激素的增加，孕妈妈的头发越来越乌黑发亮，很少有头垢或头屑，是一生中难得的优良发质。

胎儿变化

绒毛发育成胎盘。

脐带变长。

胎儿正常地饮用羊水，每天少量地进食，大部分进入消化道，少量进入肺，协助吮吸运动。

排泄系统逐渐形成。

男孩形成睾丸，女孩形成卵巢。

尾巴消失。

皮肤仍是透明的，从外观可以看到皮下血管和心脏，听觉开始发育。

软骨发育出固化的中心，骨骼开始变得坚硬，并出现关节雏形。

胎儿在羊水中会改变身体方向，有走路、跳跃、惊吓等动作。

鼻和嘴唇的周围以及声带、齿根开始生成。

下颌和两颊开始发育，从面部特征上看与人脸很相似，头占身体全长的1/3。

胎儿长约6.5厘米，体重约19克。

孕妈妈营养与保健

预防腹泻建议

孕期腹泻对孕妈妈健康非常不利，腹泻使肠蠕动加快，甚至出现肠痉挛，这会影响子宫，刺激子宫收缩导致流产、早产等不良后果。所以，孕期预防腹泻非常重要。

1.每顿饭要定时、定质、定量。

2.膳食要均衡，饮食搭配要合理，不能只吃高蛋白食物而忽略谷物的摄入。

3.吃冷热食品要间隔一小时以上，不要吃完热的马上就吃凉的。

4.不吃过于油腻、辛辣和不易消化的食物。

5.注意观察腹泻前吃了什么食物，找出腹泻原因加以注意。

6.排除致病原因。

缓解便秘的食物

妊娠期肠蠕动减少及肠张力减弱，运动量减少，加之子宫及胎头压迫，会让孕妈妈感觉排便困难，很容易引起便秘。预防便秘最好的办法就是注意饮食结构，多运动，定时排便。

通便食物多为富含粗纤维、润肠通便或是易消化的食物，它们的主要作用原理是促进胃肠蠕动、增加粪便体积，促进陈便排出。

通便食物推荐

1 土豆。土豆是一种营养非常全面且易消化的食物，有助于胎儿的发育，保证孕期健康。同时，它所含的粗纤维可促进胃肠蠕动和加速胆固醇在肠道内的代谢，具有降低胆固醇和通便的作用，对改善孕期便秘很有助益。食用土豆前请注意观察，发芽或皮变青、变绿、变紫的不可食用。

2 玉米。玉米是粗粮中的保健佳品，其膳食纤维含量很高，能刺激胃肠蠕动，加速粪便排泄，对孕期便秘大有好处，此外，它还具有利尿、降压、增强新陈代谢、细致皮肤等功效。食用玉米要避免过量，因为玉米易致胃闷、胀气。

3 黄豆。黄豆的营养价值很高，它含有非常优质的蛋白质和丰富的膳食纤维，有利于胎儿的发育，并促进孕妈妈的新陈代谢。同时，丰富优质的膳食纤维能通肠利便，利于改善孕期便秘。黄豆不宜生吃，夹生黄豆也不宜吃。

4 芋头。芋头富含营养，是一种很好的碱性食物，有保护消化系统、增强免疫功能的作用。孕妈妈常吃芋头，可以促进肠胃蠕动，帮助吸收和消化蛋白质等营养物质，还能清除血管壁上的脂肪沉淀物，对孕期便秘、肥胖等都有很好的食疗作用。食用芋头应避免过量，芋头易致胃闷、胀气。

5 草莓。草莓营养丰富，其含有多种人体所必需的维生素和矿物质、蛋白质、有机酸、果胶等营养物质，其中的胡萝卜素有明目养肝的功效，尤其是其所含的果胶和膳食纤维可以助消化、通大便，对胃肠不适有滋补调理作用。

6 扁豆。扁豆含有丰富的蛋白质和多种氨基酸、维生素、矿物质，经常食用能健脾胃、增进食欲、健美肌肤、提高注意力。豆荚中的膳食纤维丰富，便秘的孕妈妈常吃可以促进排便通畅。扁豆烹煮时间宜长不宜短，没煮熟的扁豆可能引致中毒。

贴心指导

很多人通过吃香蕉来通便，确实有效果，因为香蕉中含有丰富的膳食纤维和糖分，具有很好的润肠通便功能，不过这种作用只有熟透的香蕉才具有，否则可能会起到反作用。另外，每天晨起喝一杯凉白开水会刺激肠胃蠕动，喝胡萝卜水也有润肠作用，做汤时加些香油也有一定效果。饮食加上运动，定能缓解便秘。

轻松胎教方案

一周胎教要点

意念胎教，胎儿在母体内开始频繁活动了，孕妈妈想象一下小宝宝的样子，像妈妈还是像爸爸呢？有什么样的鼻子、嘴巴、耳朵、脸庞呢？要在心里细细地描绘，“画”出宝宝的样子。

营养胎教：猪血粥

材料：猪血块200克、大米100克、精盐、葱花、姜丝各适量。

做法：

1 猪血块洗净，放入沸水锅汆烫片刻，捞出沥水；大米淘洗干净，浸泡30分钟。

2 大米入锅煮粥，粥将熟时放入猪血块，再煮10~15分钟，放入葱花、姜丝推匀，加精盐调味即可。

健康小贴士：养血润燥。

文化之旅：唐诗宋词的魅力

唐诗宋词是中国文学史上的两颗明珠，唐代被称为诗的时代，宋代则被称为词的时代。词源于民间，始于唐，兴于五代，盛于两宋。

唐诗

唐代(618—907)是我国古典诗歌发展的全盛时期，尽管离现在已有一千多年了，但许多诗篇还是为我们所广为流传。

唐代的诗人特别多，这些诗人，今天知名的就有两千三百多人，李白、杜甫、白居易是世界闻名的伟大诗人。他们的作品，保存在《全唐诗》中的也还有四万八千九百多首。

唐诗的题材非常广泛，从自然现象、政治动态、劳动生活、社会风习，直到个人感受，都逃不过诗人敏锐的目光，成为他们写作的题材。

唐诗的形式是多种多样的，基本上有这样六种：五言古体诗，七言古体诗，五言绝句，七言绝句，五言律诗，七言律诗。古体诗的风格是前代流传下来的，所以又叫古风。近体诗有严整的格律，也称格律诗。

近体诗是当时的新体诗，它的创造和成熟，是唐代诗歌发展史上的一件大事，它把我国古曲诗歌的音节和谐、文字精练的艺术特色，推到前所未有的高度，为古代抒情诗找到一个最典型的形式，至今还为人民所喜闻乐见。

佳句欣赏

举头望明月，低头思故乡。

——《静夜思》李白

会当凌绝顶，一览众山小。

——《望岳》杜甫

野火烧不尽，春风吹又生。

——《草》白居易

少小离家老大回，乡音无改鬓毛衰。

——《回乡偶书》贺知章

宋词

宋词以姹紫嫣红、千姿百态的风神，与唐诗争奇，与元曲斗艳，历来与唐诗并称双绝，都代表一代文学之盛。

宋词兼有文学与音乐两方面的特点。每首词都有一个调名，叫作“词牌”，依调填词叫“倚声”。

宋词分为婉约派、豪放派两大派。婉约派的代表人物：柳永、李清照、秦观、周邦彦等。豪放派的代表人物：辛弃疾、苏轼、欧阳修等。

词是一种音乐文学，它的产生、发展，以及创作、流传都与音乐有直接关系，因此宋词读起来都十分有韵味和节奏感。

在宋词的发展繁荣过程中，整个社会的导向作用同样十分明显。宋代皇帝个个爱词，宋代大臣则个个是词人。宋代政治家范仲淹、王安石、司马光、苏轼等都是当时的著名词人。在封建社会中从不出头露面的女子李清照也成为一代词宗，名垂千古。正是全社会的认同和推崇，宋词才得以佳篇迭出，影响久远。

佳句赏析

大江东去，浪淘尽，千古风流人物。

——《念奴娇 赤壁怀古》苏轼

纤云弄巧，飞星传恨，银汉迢迢暗度。

——《鹊桥仙》秦观

帘外雨潺潺，春意阑珊。

——《浪淘沙》李煜

莫等闲，白了少年头，空悲切。

——《满江红》岳飞

胎教感言：

无论是富裕自由的大唐盛世，还是风雨飘摇中的宋王朝，都留下了不朽的文字精品。唐诗宋词的美是中华文化中美文的最高峰，李白的狂放，柳永的缠绵，陆游的雅致，李煜的凄婉，一个个鲜明的个性让后世人永远记住了他们和他们的诗词，这就是唐诗宋词的魅力。

电影胎教：《放牛班的春天》

导演：克里斯托弗—巴哈提亚

主演：杰拉尔·朱诺 / 弗朗西斯·贝尔兰德 / 尚-巴堤·莫里耶 / 玛丽·布奈尔 / 凯德·麦拉德 / 雅克·贝汉

语言：法语

片长：97 分钟

胎教引语：

春天早就在那儿，等候着我们到达，它不是谁能够送给谁的，如果我们迷了路，最需要的将是一位微笑的领路人。

胎教意境：

音乐家克莱门特到了一间外号叫“塘低”的男子寄宿学校当助理教师，学校里的学生大部分都是难缠的问题儿童，性格沉静的克莱门特尝试用自己的方法改善这种状况，他重新创作音乐作品，组织合唱团，决定用音乐来打开学生们封闭的心灵。

值得一提的是，电影中的音乐真的非常好听，孩子们的声音毫无人工做作的痕迹，天然而纯净。在这个影片中，我们可以看到音乐的力量，它可以改变一个人的生活，即使是最简单的音乐。

胎教感言：

推荐孕妈妈去看一看这部影片，即便只是听听它的音乐，也是好的，最可贵的是，你最终会和胎儿一起，等候真正的春天到来。

意念胎教：看漂亮宝宝图像

从一个小小的受精卵到现在，胎儿已经整整长了三个月了，它的模样正在变得清晰。当你看到那些漂亮得令你驻足的宝宝照片时，不妨将它带回家，贴在你的床头，每天欣赏，如果你能每天对宝宝未来的模样浮想联翩，宝宝将来会更好看。

多看漂亮宝宝图片有益是有根有据的胎教理论：根据现代超音技术，可以观察到胎儿在孕妈妈子宫中受到刺激后的反应，母亲的情绪对胎儿的影响极大，母亲感受到的，胎儿也会感应到。

1 母亲的所见所闻及所感觉的事，会经由在母亲脑内所制造的激素再传给胎儿。你看漂亮宝宝的照片时，觉得赏心悦目，这种“靓”心情，自然会影响到胎儿，胎儿的“心情”也会变“靓”，要是你长期看漂亮的宝宝像，胎儿就会长期受到陶冶，将来也会更漂亮。

2 你可以在睡房或床头挂上大幅漂亮宝宝的图片，也可以将你觉得喜欢的各种大小的宝宝像贴在床头。如果你能找到你和老公小时候的漂亮照片，不妨经常拿出来翻看，贴在床头也不错，这样，你就可以将它们当作是宝宝未来的样子，每天醒来或是睡前，都能与胎儿一起陶醉在这种美好的心情中。

贴心指导

孕妈妈可以时常给胎儿画一画想象画，或是给胎儿留个言，甚至也可以在胎教日记中贴上一张喜欢的宝宝像。

准爸爸不可缺席

给小宝宝起个乳名

现在小宝宝都会吮手指了，每天在妈妈宫内像条小鱼一样优游自在。你不妨和老婆大人预测一下，小宝宝出生后长得像谁呢？鼻子像爸爸、耳朵像妈妈，还是眉毛像妈妈、眼睛像爸爸呢？要多多和小宝宝交流，那必须有个响亮的名字！来给小宝宝起个乳名吧，这是小宝宝的第一个名字。如果每天和小宝宝交流时都用这个名字呼唤小宝宝，小宝宝会记住自己的名字哦。每天准爸爸上班时，可以对小宝宝说：淘淘，爸爸上班去了，你和妈妈去上班时要注意安全，你要乖乖地听话，晚上回家爸爸再和你玩。或者：小果果，爸爸给你讲一个好听的故事……小宝宝出生以后这个名字还可以使用，小宝宝会很快熟悉自己的名字的。

第15周

孕妈妈和胎儿身体变化

孕妈妈变化

怀孕后，由于内分泌的改变，对雌激素需求的增加，孕妈妈牙龈多有充血或出血，同时由于饮食结构不当，身体慵懒不愿运动，没有及时刷牙等都有可能引发牙周炎。有资料表明，在发生流产、早产的孕妈妈中，牙周炎的发病率很高。此时胎儿的状况已经稳定，在注意口腔卫生的同时，孕早期不能接受的拔牙、治疗牙病的情况现在可以解决了。

早孕反应过去了，孕妈妈胃口好了很多。孕妈妈腹部膨大，可以考虑穿孕妈妈装了。

胎儿变化

肝脏开始分泌胆汁。

肾脏开始分泌尿液。

手指可与手掌握紧，脚趾和脚底可以弯曲。

条件反射的能力加强。

眼睛开始突出，两眼之间的距离拉近。

胎儿长约8.5厘米，体重达28克。

孕妈妈营养与保健

笑对妊娠纹和蝴蝶斑

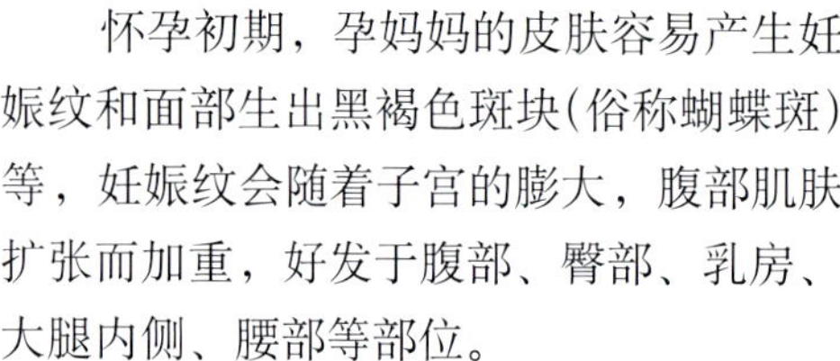

怀孕初期，孕妈妈的皮肤容易产生妊娠纹和面部生出黑褐色斑块(俗称蝴蝶斑)等，妊娠纹会随着子宫的膨大，腹部肌肤扩张而加重，好发于腹部、臀部、乳房、大腿内侧、腰部等部位。

一般说来，孕期出现的蝴蝶斑、妊娠纹变化，在分娩后会逐渐消失，因为生产后，体内的内分泌水平会逐渐恢复正常，肌肤亦会逐渐恢复原来的模样，因此，不必过于担忧。面对孕期“丑”的生理变化，孕妈妈可以采取适当的保养措施，笑对改变。

1 自信就是美。怀孕的你散发出来的那种成熟、迷人的母性风韵，是最迷人的。你首先应该将那些沮丧的心情抛开，保持良好的情绪，这对胎儿来说也是非常重要的。

2 注意皮肤、乳房、腹部及外阴的清洁卫生。平时应注意避免在阳光下长时间曝晒，白天外出时最好戴上大檐白布帽，也可以打遮阳伞，搽一些防晒霜，以免在紫外线的照射下加快黄褐斑、蝴蝶斑的形成和发展。

3 适当限制食盐的摄入，多吃些新鲜蔬菜和水果。多喝水，保持体内有足够的水分，这样对皮肤的健康很重要。

4 避免摄取过多的甜食及油炸物，改善皮肤的肤质，让皮肤保持弹性，减少妊娠纹的发生。

5 控制体重的增长，在怀孕时体重增长的幅度上，每个月的体重增加不宜超过2千克，整个怀孕过程中应控制在11~14千克。防止增重过快导致妊娠纹产生。

6 可以从孕中期开始涂抹预防妊娠纹的护体霜（孕婴专卖店一般都有卖的），也有一定的预防妊娠纹的功效。

7 适度的按摩可以增加皮肤弹性，减轻妊娠纹。建议从怀孕3个月后（孕早期不宜按摩腹部）开始到生完后的3个月内坚持腹部按摩，可以有效预防妊娠纹生成或淡化已形成的细纹。

8 怀孕4个月后，如果腹围增长比较快，可以使用托腹带来减轻腹部和腰部的重力负担，减缓皮肤向外、向下过度延展拉扯，有效避免妊娠纹。

贴心指导

选用尺寸合适、支撑力够的孕妈妈内衣，可减少胸部下垂所造成的皮肤拉扯，以避免胸部、腋下妊娠纹的产生。游泳对于恢复皮肤弹性也很有好处，可以借助水的阻力进行皮肤按摩，孕妈妈在产后体质恢复以后，可以适当游泳。

孕期瑜伽什么时候开始

在妊娠初期，孕妈妈做任何费力的身体操常常会因不能坚持而最终放弃。建议孕妈妈从妊娠第4个月开始进行锻炼。对没有流产史、积极健康的孕妈妈，只要觉得准备好了就可以开始进行一些轻柔的增强身体力量和提高肌肉柔韧性及张力的锻炼。在整个妊娠过程中，孕妈妈可以练习不同的瑜伽姿势，但必须以个人的需要和舒适度为准。

瑜伽的练习因人而异，必须与人的身体状况协调。练习时如有不适感，可以改用更适合自己的练习姿势。孕妈妈练习瑜伽可以增强体力和肌肉张力，增强身体的平衡感，提高整个肌肉组织的柔韧度和灵活度，同时刺激控制荷尔蒙分泌的腺体，加速血液循环，还能够很好地控制呼吸。练习瑜伽还可以起到按摩内部器官的作用。此外，针对腹部练习的瑜伽可以帮助产后重塑身材。瑜伽有益于改善睡眠，消除失眠，让人健康舒适，形成积极健康的生活态度。瑜伽还帮助人们进行自我调控，使身心合二为一。但是要注意的是，瑜伽并不是使怀孕和分娩更为安全顺利的唯一方式。瑜伽只是在整个妊娠过程当中帮助孕妈妈进行适当锻炼。分娩要消耗大量的体力，因此大多数孕妈妈在分娩来临前会感到恐惧和不安，这是很正常的现象。练习瑜伽可以让这个过程变得轻松简单，并有助于孕妈妈在产前保持平和的心态。

唐氏综合征筛查

唐氏儿筛查是一种通过抽取孕妈妈血清，检测母体血清中甲型胎儿蛋白、绒毛促性腺激素和游离雌三醇的浓度，并结合孕妈妈的预产期、年龄、体重和采血时的孕周等，计算生出先天缺陷胎儿的危险系数的检测方法。医院一般规定在14~20周进行。

如果唐筛检查结果显示胎儿患有唐氏综合征的危险性比较高，就应进一步进行确诊性的检查——羊膜穿刺检查或绒毛检查。

唐氏综合征是一种偶发性疾病，所以每一个怀孕的妇女都有可能生出“唐氏儿”。尽管有许多的孕妈妈对唐氏筛查提出质疑，尽管唐筛结果不能十分准确地判断宝宝是否愚型，但毕竟这是判断胎儿是否愚型的最经济、简便、对胎儿无损伤的检测方法，建议每位孕妈妈都要重视唐氏综合征筛查。

轻松胎教方案

一周胎教要点

音乐胎教，音乐能刺激胎儿的大脑神经细胞，促进脑神经细胞的发育和脑功能的发展。在胎儿脑发育的高峰期，多听些动听的音乐吧！

营养胎教：豆腐

豆腐素有“植物肉”之美称，含有铁、钙、磷、镁等多种微量元素和丰富的优质蛋白，可满足一个人一天钙的需要量。孕期常食豆腐可促消化，对胎儿神经、血管、大脑的发育都有很大的好处，还具有美容功效。

美食推荐：蘑菇炖豆腐

材料：嫩豆腐200克、鲜蘑菇100克、水发笋片50克、高汤、香油、酱油、精盐、料酒各适量。

做法：

1 蘑菇择洗干净，撕成小片；笋片洗净，切丝。

2 嫩豆腐切成小块，放入冷水锅中，加入少许料酒，用大火煮至豆腐起孔。

3 将煮豆腐的水倒掉，加入高汤、鲜蘑菇、笋丝、酱油，用小火炖20分钟左右，加入精盐和香油调味，即可出锅。

健康小贴士：补钙，益胃健脾。

更多美食选择：鱼头炖豆腐、家常豆腐、鱼香豆腐。

小窍门：

1 没有包装的豆腐很容易腐坏，买回家后，应立刻浸泡于水中，并放入冰箱冷藏，烹调前再取出。

2 北豆腐口感粗糙，适宜煎、炸、烧、炒和做汤；南豆腐质地细嫩，不适合煎、炸、炒，比较适合做汤。

3 豆腐会促进碘的排泄，容易造成碘缺乏，如果与海带同食，则可以补充碘质，避免出现碘缺乏的情况。

4 豆腐中缺少一种人体必需的氨基酸——蛋氨酸，烧菜时如果和肉、蛋、鱼等其他含蛋白质丰富的食物搭配成菜，可大大提高豆腐中蛋白质的利用率。

孕妈妈操：抬腰提肛

孕中期最适合做一些比孕早期动作稍微复杂一些的孕妈妈操。抬腰提肛运动是训练腰背及骨盆肌肉的一种孕妈妈操，对于分娩时放松肌肉很有帮助，还可以帮助缓解孕妈妈便秘，对于孕中期可能会出现的漏尿情况也有好处。

抬腰提肛的做法

1. 仰卧，平躺于床上，双腿放平，两手放于身体两侧，平静地呼吸。
2. 右脚向上弯曲，然后右腿向右边打开，重复4次，放回原位。
3. 换左脚，同样动作重复4次，放回原位。
4. 双腿放平，慢慢吸气，同时收缩肛门，腰部抬起。
5. 慢慢呼气，放松腰部，再放松肛门。
6. 重复第4~5步5次。这个运动每日可以早晚做2次，每次5分钟左右。

以上动作可以简单地理解为：把腰尽量地离开床面，像忍大便一样地提肛门。

贴心指导

孕中期每天都做20分钟孕妈妈体操，可让自然分娩更顺畅、宝宝更健康。孕妈妈操与准爸爸一起做往往会起到意想不到的好效果，因为准爸爸可以分散孕妈妈的紧张不适感，还可以与孕妈妈合作一些难度比较高的动作。

儿歌胎教：《拔萝卜》

老公公和老婆婆唱：拔萝卜，拔萝卜，哎哟哟，哎哟哟，哎哟哎哟拔不动，哎哟哎哟拔不动。小弟弟，快快来，快来帮我们拔萝卜。（小弟弟："来喽！"）

小弟弟和大家唱：拔萝卜，拔萝卜，哎哟哟，哎哟哟，哎哟哎哟拔不动，哎哟哎哟拔不动。小花猫，快快来，快来帮我们拔萝卜。（小花猫："来喽！"）

小花猫和大家唱：拔萝卜，拔萝卜，哎哟哟，哎哟哟，哎哟哎哟拔不动，哎哟哎哟拔不动。小花狗，快快来，快来帮我们拔萝卜。（小花狗："来喽！"）

小花狗和大家唱:拔萝卜,拔萝卜,哎哟哟,哎哟哟,萝卜拔起来啦！（大家："哈哈！"）

胎教引语：

从20世纪50年代开始，我国逐渐涌现出许多脍炙人口的儿歌，他们还是早期被制作成儿童动画片的主要素材，相当一部分都可以找到相应的动画片，流传至今，很受欢迎。

胎教意境：

《拔萝卜》中的场景非常轻松，充满了童趣，塑造了许多小动物和人物形象，老公公、老婆婆、小弟弟、小花猫、小花狗，它们生活在同一个世界，互相帮忙拔萝卜的情节简单，曲调欢快，易学易诵，是一首特别受小朋友喜爱的儿歌，作为胎教儿歌十分合适。

胎教感言：

孕妈妈可以借唱儿歌的机会，向胎儿描述一下各种小动物的样子，模仿小动物的语气叫两声，然后再接着唱，让胎儿跟着你的思维体会到更多的东西，促进胎儿的智力发育。

准爸爸不可缺席

唱儿歌

唱儿歌也是准爸爸参与的好项目，甚至有专门为准爸爸编写的胎教儿歌，内容亲切、实用，曲调欢快，即便不会唱，当作念唱曲目也是很好的。

下面的儿歌描述的是准爸爸听胎心音的事情，词作饶有趣味，富有动感。

爸爸为我听胎心/爸爸耳朵有本领/为我学着当医生/隔着妈妈的肚子/认真细心听胎心/爸爸听了呵呵笑/越听感到越高兴/爸爸请你告诉妈妈/我一切正常可放心/未来的小天使/像恬静的睡莲/像戏水的小鸭/像闪烁的星星/像艳丽的鲜花/像补天的女娲/像闹海的哪吒/不管是女娲还是哪吒/欢迎你和我们见面吧/未来的小天使！

第16周

孕妈妈和胎儿身体变化

孕妈妈变化

这一周是产前检查的最好时机，不要错过。

孕期令人兴奋的时刻到来了，现在可以感到胎动了，当胎儿动来动去的时候，许多孕妈妈都会感觉到胎儿快速的运动。胎动会在16~20周时逐渐明显起来，你可以感到子宫在蠕动，胃里发出类似饥饿时的咕噜声。当你感觉到第一次胎动时，一定要记录下时间，下次去医院体检时请告诉医生。

这个时期胎儿的生长发育很快，有必要进行家庭监护以利于随时了解胎儿的情况。你可以请丈夫帮你做这件事情，爸爸的关爱会通过妈妈的感受传达给胎儿。

胎儿变化

生殖器官已成形。

手指上出现指纹印。

胎儿可以用自己的手摸脸。

胎儿长至10厘米左右，体重约50克。

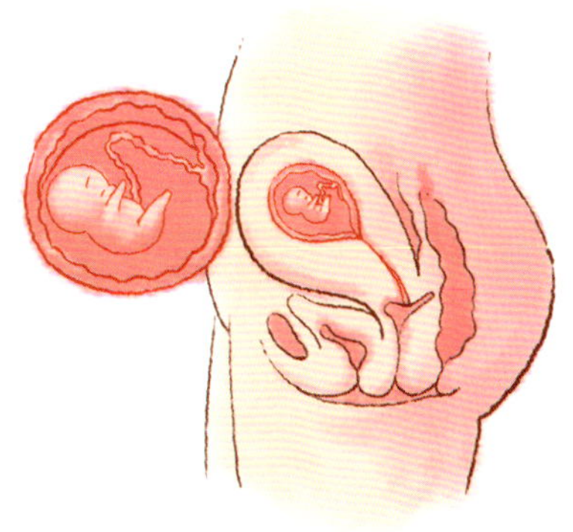

孕妈妈营养与保健

孕妈妈多梦的原因

有的孕妈妈心理压力大，思想负担太重。如整天担心胎儿是否健全，是否发育良好。胎动多了担心，胎动少了更担心，即使已经躺下了也要起来溜达到胎动明显方才松一口气。还有的孕妈妈由于孕期服用过药物，一直疑虑药物对胎儿的影响而忧心忡忡。也有的孕妈妈担心自己体力欠佳，不能承受妊娠的负担，担心分娩时能否顺利，会不会发生难产或意外等。这些孕妈妈由于总是处在各种各样的精神压力下，情绪抑郁，从而容易造成失眠、多梦甚至做惊险的噩梦。

孕妈妈要想缓解失眠多梦的状况，除了睡眠环境要舒适外，最重要是要及时疏导不良情绪。不良情绪还在萌芽状态时就应遏制，孕妈妈要明白，恶劣的心情于事无补，只会适得其反，所以要尽快自己调整或者寻求家人的帮助来疏导你的不良情绪。

孕妈妈要消除恐惧与担忧心理。看了一些有关怀孕的书籍，不要总是与自己出现的一些情况“对号入座”，凭空自己吓自己。要相信产前检查，学会调控自己的情绪。

享受孕中期“性”福

怀孕的前3个月和后3个月最好节制性生活，以免造成流产和早产。但在孕中期，孕妈妈的早孕反应已经消失，阴道比较容易润滑，性唤起会更容易，所以对绝大多数夫妇而言，孕中期的性生活反而更加和谐，更容易达到高潮。

孕中期适度性生活有益健康

妊娠3个月以后，胎盘逐渐形成，妊娠进入稳定期。早孕反应过去了，孕妈妈的心情开始变得舒畅。由于激素的作用，孕妈妈的性欲有所提高。加上胎盘和羊水的屏障作用，可缓冲外界的刺激，使胎儿得到有效的保护。因此，妊娠中期可适度地进行性生活，这也有益于夫妻恩爱和胎儿的健康发育。国内外的研究表明：夫妻在孕期恩爱与共，生下来的孩子反应敏捷，语言发育早而且身体健康。

妊娠中期的性生活以每周1~2次为宜

值得注意的是，妊娠期的性生活应该建立在情绪胎教的基础上。所以，舒心的性生活充分地将爱心和性欲融为一体。白天，丈夫给妻子或者妻子给丈夫亲吻与抚摸，爱的暖流就会传到对方的心田。这样对于夜间的闺房之爱大有益处。反过来，夜间体贴的性生活又促进夫妻白天的恩爱，使孕妈妈的心情愉快，情绪饱满。

此外，精液中含有一种精液胞浆素。它具有与青霉素相媲美的抗菌功能，能够杀灭葡萄球菌等致病菌，可以清洁及保护妻子的阴道。

轻松胎教方案

一周胎教要点

美学胎教，感受艺术之美，培养胎儿的审美情趣。多多观察生活之美，用心体会，讲给小宝宝听吧！

营养胎教：百合莲子大枣粥

材料：糯米200克、鲜百合50克、莲子50克、大枣50克、白糖

做法：

1. 糯米洗净， 放入水中浸泡2小时；大枣洗净，放入清水中泡开；百合洗净，掰成小瓣，入沸水中焯熟。
2. 将糯米放入锅中，加百合、莲子、大枣及适量清水，先以大火煮沸再转小火熬煮成粥，待粥稠时，加白糖续煮3分钟即成。

健康小贴士：安心神，治失眠。

电影胎教：《当幸福来敲门》

导演：加布里尔·穆奇诺
编剧：史蒂夫·康拉德
主演：威尔·史密斯 / 贾登·史密斯 / 桑迪·牛顿
语言：英语
片长：117 分钟

胎教引语：

我们无论是精神还是财富，从来都不是生来平等的，有人富有，有人贫穷，可是我们每个人都被赋予了生活的权利，无论身处何处，是何境地，我们都可以寻找快乐和幸福。

胎教意境：

影片中有这样一个笑话：

一个虔诚的落水者希望上帝能救他。一艘船过去了，他拒绝被救，说，上帝会来救我的。第二艘船又过去，他仍然以同样的理由拒绝被救。后来落水者溺死了。天堂上，他不服气地问上帝，万能的主啊，你为什么不来救我？上帝回答道，为了救你，我派出了两条船。

我们都会笑这个落水者不懂得变通，不知道抓住机会，却从来不反省自己心中的上帝，是否我们也总是在想明天我一定会幸福，当幸福唾手可得时却无动于衷，心中想着幸福一定会来找我。

这部影片也被人们译为《寻找快乐的故事》，主人公坚信，幸福明天就会来临，他常对孩子和妻子说，我们一定会好起来，我们一定能够好起来的，幸福的家庭和孩子是他真正的信仰，让观者看到一个出于父爱的温暖故事。

胎教感言：

也许你也时常抱怨生活太单调、太乏味，没有一波三折、跌宕人心的故事发生，每天柴米油盐酱醋茶的日子太普通，太无意义。加缪曾说：人生越没有意义越值得过下去，如果真的有大起伏发生，那个时候我们期待的，往往就是这种没有意义的日子，这就是幸福。

准爸爸不可缺席

陪老婆选购孕妈妈装

随着月份的增加，孕妈妈腹部膨出，身材日渐臃肿，以前的衣服可能穿不上了，有时间的时候陪着老婆去买几件合身的孕妈妈装吧。有的孕妈妈装设计得也很像正装，有的却设计得很可爱，一看就知道是孕妈妈。准爸爸帮着拿拿主意，帮老婆拎拎东西，会让老婆感觉贴心不少。

我听到爸爸妈妈的声音了

由于胖瘦、高矮、体形不同的原因，孕妈妈的身体外观有明显差异，有的孕妈妈肚子开始显形，有的似乎和孕前没有多大变化。但是触摸其腹部时，发现子宫的轮廓已经很清晰，在耻骨联合往上至肚脐下3厘米左右处，有一隆起的半球。

孕妈妈会感觉胎儿在踢你了，这是小宝宝在向你介绍自己的存在，这就是胎动。经产妇早些，初产妇要到第18~20周才能感觉到。初时很轻微，就像肠子动了一动，如果不是细心体会，很可能被忽略。慢慢地动作越来越明显，尤其在孕妈妈休息时，有时是一下一下地动，有时却是叽里咕噜一连串的翻动。胎动证明胎儿是充满活力的，如果胎动消失或减少，就必须马上找医生检查。

第17周

孕妈妈和胎儿身体变化

孕妈妈变化

孕妈妈的体重增加明显，此时孕妈妈体重最少已增加了2千克，有些孕妈妈也许会增加5千克。孕妈妈的子宫长得很大，有时腹部会有阵阵的剧痛，这是由于腹部韧带拉伸的原因。由于子宫上升，尿频消失。

经产妇会感觉到第一次胎动。

胎儿变化

可以握拳、挤眼、皱眉、吮手。

皮肤表层覆盖了一层薄薄的细绒毛。

味觉已初步发育成熟。

眉毛开始长出来了，头发也在生长。

胎儿已达13厘米左右，体重约为80克。

孕妈妈营养与保健

给双脚一双合适的鞋

在孕期，孕妈妈应为自己选一双合脚的鞋，尤其是孕中晚期，此时容易发生腿脚水肿的情况，一双合适的鞋能够减轻足部的压力，缓解水肿带来的不适感。

怎样为自己选择一双舒适的鞋子？

1 选择圆头且肥度较宽、鞋面材质较软的鞋子，春秋季节可以选择布料鞋，布料透气性、吸汗性比较好，行走起来比较省力，冬天可穿保暖性好、柔软轻薄的牛皮、羊皮鞋。

2 鞋底要选择耐磨度好且止滑性较佳的大底，鞋底、鞋帮不要太硬，建议孕妈妈穿柔韧易弯曲的软底布鞋、旅游鞋。

3 鞋型选择上开式，即系鞋带式或魔术粘贴带式较佳，其次可以选择有松紧带或可调整宽度的鞋类款式。

4 鞋类尺码需依脚长而定，并且略比脚大1厘米左右，为脚的胀大留出空间。

5 注意鞋跟高度，理想的鞋跟高度为1.5~3厘米。平跟的鞋子则会由于妈妈身体重心前移、体重增加等原因，给妈妈带来足底筋膜炎等足部不适的困扰。

贴心指导

流行的长靴大多不适合孕妈妈，孕妈妈本身末梢血液循环较差，而长靴又是包裹小腿和脚部的设计，透气性也不好，会阻碍脚部血液循环，引发冻疮。

孕期运动的方法和原则

孕期身体锻炼以下面几种方式为宜：

做广播操

做广播操是比较适宜孕妈妈进行的锻炼方法。每日可在散步之后或工间操时做几节。怀孕头3个月时，不要做跳跃运动，而且每节操可少做几个节拍，以免运动量太大，造成流产。怀孕4个月之后，可做全套，但弯腰和跳跃要少做几节拍甚至不做。到了怀孕后期，不仅要减少弯腰和跳跃运动，其他几节的节拍也需适当控制，但可以自己增加一些动作，如活动脚腕、手腕、脖子等。每次不要搞得很累，微微出汗时就可以停止了。

散步

每日早上起床后和晚饭后可进行散步，散步的时间和距离以自己的感觉来调整，以不觉劳累为宜。散步时不要走得太急，要慢慢地走，以免对身体震动太大或造成疲惫，在妊娠早期和晚期要格外注意。

衣服穿着应便于行动，鞋跟不要太高，最好是软底的运动鞋。夏天或冬天应注重防暑、防寒。大雾或雨、雪天时就不要再去散步，以免发生事故。散步前要认真考虑好路线，避开车多、人多和台阶、坡度陡的地方。散步时要留心四周的车辆、行人以及玩耍的儿童，不要被撞倒。散步途中感到有些不舒适时，可找一安全、干净的地方稍事休息一下，然后就向回转。散步的过程中还可同时活动一下四肢，进行多方面的锻炼。

脚部运动

坐在椅子上或床边，腿和地面呈垂直状，两腿并拢平放地面上。

脚尖使劲向上翘，待呼吸一次后，再恢复原状。

做孕妈妈体操

做孕妈妈体操的好处很多。能够防止由于体重增加和重心变化引起的腰腿疼痛；能够松弛腰部和骨盆的肌肉，为将来分娩时胎儿能顺利通过产道做好预备；还可以增强自信心，在分娩时能够镇静自若地配合医生，使胎儿平安降生。做操时动作要轻，要柔和，运动量以不感疲惫为宜。天天都应坚持做，假如出现流产先兆时，应询问医生后再决定是否坚持。做操之前应排尽大小便。

孕期运动的十原则

1 在怀孕时，每天大约需要消耗额外300卡路里，所以，如果要运动的话，特别要注意自己的饮食健康，而且要饮用足够的水来防止脱水。

2 坚持有规律锻炼(每周3~5次)，而不是三天打鱼两天晒网。

3 不要空腹锻炼。如果你还没有吃饭，体内可能产生酮体，而酮体对胎儿的发育是有害的。所以运动前30分钟先吃些点心、喝点橙汁是非常有必要的。

4 每次锻炼要有5分钟的热身练习，运动终止也要慢慢来，逐渐放缓。运动后不要突然从地板上起来，这样容易导致血压突然升高。

5 锻炼过程中，注意观察心率的变化。应该维持在每分钟140次以内。测量心率可以使用仪器，也可以用说话测试。即在锻炼过程中不能正常说话，则说明心率过速，活动过量了。每次运动以20分钟为宜。低强度的活动(如散步)不超过45分钟。

6 运动时最好选择木质地面或铺有地毯的地方。安全系数会更大些。

7 在运动时，血液流动加速和新陈代谢的加快意味着你会觉得比平时热，在整个怀孕过程中，必须避免体温过高(不超过37摄氏度)。在怀孕的前3个月，胎儿的各项器官在发育成长的过程中，这点尤为重要。

8 怀孕4个月后，要避免做需要背部平躺的运动。这个姿势会使子宫伸展，导致静脉压缩，影响它将血液输送到你的心脏和子宫。

9 避免有可能使你失去平衡的练习或运动，例如，骑马、在山地骑自行车。即

使你在平时这些运动都做得很好，要牢记怀孕时的荷尔蒙分泌会使得盆骨的链接处和韧带松弛，使得你更容易扭伤和跌倒。

10 注意不要尝试那些剧烈的运动，要避免任何有损伤腹部危险的运动。怀孕后期尤其要注意，以防止早产等症状发生。

轻松胎教方案

一周胎教要点

语言胎教，孕妈妈可以给胎儿讲一些有趣的故事，讲时要感情丰富、声音柔和，让胎儿感受语言，熟悉妈妈的声音。

营养胎教：牛肉

牛肉享有“肉中骄子”的美称，含有丰富的蛋白质、脂肪、B族维生素、烟酸、钙、磷、铁等营养成分，有利于胎儿神经系统、骨骼等各器官的发育，增强孕妈妈体质，是孕期的你进补全面营养的美食。

美食推荐：瓦块牛肉

材料：牛肉200克，鸡蛋2个，盐、淀粉各适量。

做法：

1 牛肉切成长块，入冷水锅煮去血水，捞出沥干；鸡蛋打散，加淀粉、盐调成蛋糊。

2 锅内放油烧至六成热，将牛肉蘸上淀粉，下锅炸至黄色，捞出控净油。

3 将蛋糊抹在牛肉块上，再下锅炸至金黄色即可。

更多美食选择：萝卜炖牛肉、青椒牛肉丝、土豆烧牛肉。

小窍门：

1 炖牛肉时，可放一块橘皮或一点茶叶进去，牛肉就容易熟烂，并能较好地保存牛肉中的营养成分。

2 牛肉的纤维较粗，结缔组织又多，切的时候应该横切，将牛肉的长纤维切断。否则不仅没办法入味，还不容易嚼烂。

3 煮老牛肉的前一天晚上把牛肉涂上一层芥末，第二天用冷水冲洗干净后下锅煮，煮时再放点料酒和醋，这样处理之后老牛肉容易煮烂，而且肉质变嫩，色佳味美，香气扑鼻。

贴心指导：

古有“牛肉补气，功同黄芪”之说。凡体弱乏力、中气下陷、面色萎黄、筋骨酸软、气虚自汗者，都可以用牛肉进补。但牛肉不宜常吃，一周一次为宜。消化力弱的人也不宜多吃。

瑜伽胎教：直立式

随着腹部的日益隆起，孕妈妈身体的重心改变，身体会不自觉地向前倾。瑜伽能帮助孕妈妈稳定身体的重心，保持身体平衡，纠正不良的身体姿态。站姿练习可以消除紧张和压力感,恢复体力,振作精神。

直立式是种瑜伽站姿练习，这个姿势常用来休息放松，适合初级练习者，孕初期、孕中期、孕晚期的孕妈妈皆可练习。

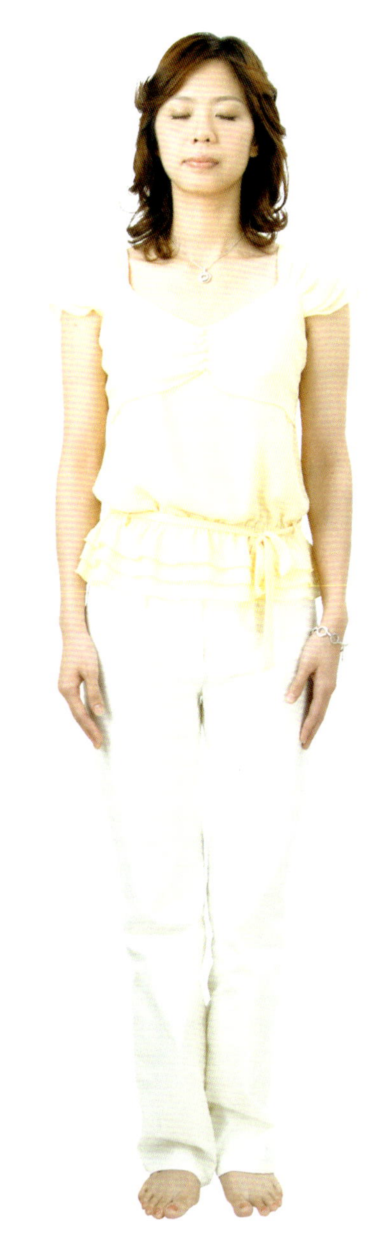

直立式的做法

1 双脚平行分开站立，身体重量平分在两脚上，练习过程中眼睛闭上，双膝放松(不要弯曲双膝，膝盖部位不要往后拉或收紧)，不要咬紧牙齿，舌头保持柔软平放在口腔底部，不要抵住上腭，放松双肩，感受耳垂和肩膀之间的空间感，觉得肩膀非常自然柔软地落在耳垂下方，心里继续体会这种柔软的感觉顺着手臂，经过手腕流到指尖，体会它从脊椎顺流而下的感觉。

2 先放松胃部肌肉，然后是臀部肌肉，这种柔软的感觉继续顺着双腿，经过双膝到达双脚。想象你的双脚是扎在土地里不断生长的根，感觉一天的不适和压力都从大脑出来，顺着脊柱和腿，从脚板排除。这个姿势保持的时间越长，身体感觉越平静。这是开始练习瑜伽之前的一个很好的预备姿势。注意练习中呼吸要保持平稳。

贴心指导

瑜伽练习时着装宜宽松舒适，不要穿着有拉链或扣子的衣服，练习时容易压到而不舒服。同时，孕妈妈要注意保暖，以免着凉。

电影胎教：《宝贝计划》

导演：陈木胜
编剧：袁锦麟/成龙/陈木胜
主演：成龙/许冠文/古天乐
类型：动作/喜剧
语言：粤语/普通话
时长：135分钟

胎教引语：

没事的时候看一看搞笑、温情的影片，对孕妈妈调节心情很有好处，如果观影时能再花20分钟时间在房间里慢慢走动一下，将对减轻分娩疼痛起到很好的作用。

胎教意境：

人字拖有不凡的身手，可是终日沉迷赌博毫无人生目标，便与爱财如命的包租公和身无长技的八达通一起爆窃，干着偷偷摸摸的犯罪事。一次，他们接受了一个交易，偷取城中女富豪刚出生的孙子，将这个宝宝转手给黑帮老大，以挣取三百万。

没想到的是，成功偷得宝宝后，由于意外，宝宝被迫留在人字拖和八达通的生活中，从此他们的生活发生很大的改变，在和宝宝相处的过程中渐渐被唤醒内心的良知，找回了迷失的自我。

相信看过影片后，你和胎儿一定会对片中的宝宝留下深刻的印象，被他所打动。

这个小家伙非常可爱，名叫马修，是个7个月大的八国混血男孩，据说是导演挑选了1000多个婴儿后在地铁里偶然间发现的。这个长相可人的小宝贝精灵古怪，每每一出场就会赢得好感。

胎教感言：

看电影很容易因为某些场景而触动观者的某根神经，或者被打动，或者有共鸣，或者激发想象，无论是那些单纯而真挚的情感，还是片中的人物形象，又或是那些充满欢乐的搞笑桥段，都是可以作用到胎儿的，胎儿与你一同感受，丰富了自己的感觉体验。

准爸爸不可缺席

与胎儿做游戏

5个月的胎儿已经是个有感觉的小生命了，会时不时伸一个懒腰、打一个哈欠、调皮地用脚蹬一下妈妈的肚子。不仅如此，胎儿还能够以胎动的形式对外界的刺激给予回应，也许有的时候孩子的胎动并不明显，但是这种信号很有节奏，只要用心，就一定有感觉的。

准爸爸这个时候更应该多和胎儿做一些互动，多做游戏，轻声的呼唤、轻柔的抚摸都是不错的游戏。现在可以适当地加一些游戏的内容，像抚摸游戏、念故事、诗朗诵、对话等，游戏的种类多种多样，关键是准爸爸也能够参与到胎教中来，与孕妈妈一起营造温馨祥和的气氛。

第18周

孕妈妈和胎儿身体变化

孕妈妈变化

孕妈妈的子宫不断地长大，身体的重心也在发生变化，孕妈妈可能感觉行动有些不便，此时应注意不可穿高跟鞋。由于胃口大开，精神高涨，精力恢复，不少孕妈妈出现性欲增强的现象。这是由于体内雌激素大量增加，导致盆腔内血流量增多，使性欲提高，并更易达到高潮。

胎儿变化

胎盘形成，母亲和胎儿已紧密连成一体。

胎盘成为半圆形，占宫腔一半。

羊水量达200毫升左右。胎儿在羊水中不受重力影响，行动如太空人一样自由。

皮肤增厚，变得红润有光泽。

触觉和味觉非常发达，听觉日渐发达。

强烈的阳光照射腹部，胎儿会用手挡。

内脏器官越来越接近完成阶段。

可用超声波装置听到胎心音，心脏的搏动更加活跃。

手指甲完整地形成了，关节也开始运动了。

腿长超过了胳膊的长度。

头部偏大。

外表和构造逐渐呈人形。

胎儿身长16厘米左右，体重约105克。

孕妈妈营养与保健

防治妊娠糖尿病

妊娠糖尿病是指妊娠期首次发现或妊娠后才发生的糖尿病，多出现在孕20~24周之后，24~28周医院将对产妇进行糖筛检查。很多孕妈妈到检查前夕才开始紧张，到处寻求能在糖筛检查中顺利通过的“小窍门”。与其到时在检查中弄虚作假，自己心里还惴惴不安，还不如在前期就开始注意饮食，控制好血糖。

孕妈妈一定要重视血糖值，不要因为到了胃口大开的孕中期，今天午餐一只烤鸭，明天午餐一只肘子的，以为胎儿进补之名大吃大喝。一旦筛查时被诊断为妊娠期糖尿病，等待孕妈妈的将是严格的饮食控制，每天空腹、早中晚餐两小时后、睡前的5次血糖自查，营养门诊医生的定期召唤与不定期指责，每天要把你的一日六餐或七餐的详细情况精确到克数记录在案……更别提你腹中的胎儿因为妊娠期糖尿病将面临的危险，这个以后在29周将会讲到。

每个孕妈妈只要为了胎儿的健康就没有不愿意做的事情，那么现在就要好好地预防妊娠期糖尿病，为了自己，也为了你最亲爱的小宝贝。

1 注意养成良好的生活习惯，并且规律作息。每天的吃饭时间、每次进食量及进餐次数应大体相同；每天工作和学习的时间及工作量大体相同；保证充足的睡眠，每天的作息时间应大体相同。

2 只要身体和天气允许，孕妈妈最好每天可以到户外进行一些简单的散步，呼吸一些新鲜的空气，通过适度的运动，可以增加孕妈妈身体对胰岛素的敏感性，促进葡萄糖利用，降低游离的脂肪酸。

3 严格控制饮食，要均衡、营养全面，控制热量和糖分摄入，少食多餐，增加膳食纤维。

贴心指导

很多妈妈都会把血糖偏高和糖尿病相混淆，其实孕期血糖偏高并不等于糖尿病。血糖偏高的妈妈只要注意控制饮食，及时调整饮食结构就不会发展成糖尿病。孕期血糖偏高其实与真正的糖尿病还是有很大区别的。

初感胎动

孕妈妈一般在18周左右能感觉到胎动，有的妈妈会感觉更晚一些。初次感觉到胎动，孕妈妈一定兴奋开心，这是对孕育在体内的小生命的第一次觉察，孕妈妈会由此激发更多的母爱，对小生命的期待从此更多了。

胎儿每天出现的胎动是有一定规律的，通常情况下，晚上胎动比较频繁，到了下半夜胎动明显减少，早晨又有所增加，上午胎动比较少。另外，随着胎儿睡眠周期的改变，胎动也相应变化。胎儿觉醒时，胎动多而有力；胎儿睡觉时，胎动少而弱。有时可持续20分钟到一个小时孕妈妈都感觉不到胎动。

其实，胎儿除了休息睡觉时，几乎都在运动着，在妈妈肚里翻个滚、游动、踢腿、推动着胳膊腿，这些能被孕妈妈明显感知。有时在妈妈肚里打个嗝、握握小拳头、伸手、吃手指头、摇头、抬头、低头、睁眼、闭眼、摸摸自己……这些就不能被孕妈妈很好地感知了。

感觉到了胎动，以后孕妈妈可以和胎儿幸福地互动了。

采取左侧卧位睡眠

在妊娠早期，睡眠姿势对胎儿并没有影响。一般妊娠5个月以后，子宫迅速增大。由于腹腔左下右乙状结肠，增大的子宫有不同程度的右旋，使子宫的血管和韧带受到牵拉，左侧卧位可适当缓解右旋。孕妈妈采取左侧卧位，还可以增加子宫胎盘血流的灌注量和肾血流量，使回心血量增加，增加各器官的血供，可以减轻或预防妊高征的发生，可以减轻水钠潴留，即减轻水肿。

但是，没有一个人能一晚上保持一个姿势睡眠。为了保持左侧卧位睡眠而不能安心入睡，甚至焦虑就得不偿失了，首先是孕妈妈自己要感觉到舒适，在可能的情况下尽量做到以下几点就可以了。

当躺下休息时，尽量采取左侧卧位。

如果中途醒来，就采取左侧卧位，如果感觉不舒服，就采取让自己舒服的姿势。

定时排便，积极改善便秘。如此可给增大的子宫腾出更多的空间，减少子宫右旋程度。

不长时间站立、行走和静坐。静坐时身体坐直，不要躺在向后倾斜的沙发背或椅背上。如此不会影响腹主动脉血供，减少腹主动脉受压。

日光浴的高效方法

太阳光中有红外线、可见光线和紫外线，紫外线能穿透人体的皮肤表面，作用于皮下的脱氢胆固醇，合成维生素D。维生素D可以促进肠道对钙的吸收，从而帮助骨骼生长，抗佝偻病。在没有维生素D的情况下，人体对钙的吸收就会大打折扣。

所以，勤晒太阳对于你而言是一个方便又经济的补钙良方。此外，孕期的你如果缺少阳光照射的话，可能会造成维生素D缺乏，从而影响胎儿的大脑发育。晒太阳除了补充维生素D，还可以起到杀菌作用。

孕期怎样晒太阳最好

1 冬天每日晒太阳一般不应超过1个小时，夏天则保持在半个小时左右即可。

2 如果你长期在室内或地下工作，晒太阳尤为重要。

3 孕早期的3个月，你的身体对高温最敏感，我们建议你避免长时间曝晒，以保护胎儿。

4 怀孕后期，高温还会导致孕妈妈早产，增加流产概率。所以，这段时间也要避免曝晒。

5 在上午11时至下午15时，是一天中温度最高的时候，我们建议你待在阴凉场所。

6 不要隔着玻璃晒太阳，紫外线无法穿透普通的玻璃，隔着玻璃晒太阳实际上只得到了阳光的温度，起不到需要的效果。

贴心指导

晒太阳的时间千万不要太久，一定强度的日光可以使皮肤受到紫外线的损伤，导致脸上的色素、色斑增多，甚至还可能出现日光性皮炎、加重静脉曲张。关于日光浴的问题，你在产检时可以向医生咨询一下，医生可以根据你的具体情况给出最合适的建议。

轻松胎教方案

一周胎教要点

美学胎教，孕妈妈可以欣赏一些名人字画，如徐悲鸿、齐白石的作品，或者国外大师的著作。孕妈妈也可以临摹或者创作，怡情养性。

营养胎教：大枣蒸糯米

材料：无核大枣200克、糯米粉、冰糖各适量

做法：

1 大枣用水浸泡1小时；冰糖用温水浸泡，融化成冰糖水；糯米粉加温水温熟，搅拌后揉成团，再搓成小条。

2 用小刀将大枣在中间纵向切一刀，然后夹入搓好的糯米小条，再洒上冰糖水。

3 蒸锅放入适量水，把大枣放入碗内，大火蒸10分钟后，小火继续蒸50分钟即可。

健康小贴士：补铁，补血。

音乐胎教：《彼得与狼》

《彼得与狼》是音乐大师普罗科菲耶夫为了让孩子了解交响乐而创作的，形式新颖活泼，旋律通俗易懂，富有艺术魅力，整个乐曲生动活泼，犹如在面前展开一幅生动的画。

胎教意境：

《彼得与狼》最美妙的地方在于，作曲家通过交响乐队的各种乐器，如弦乐、管乐、打击乐，来叙述童话故事，用不同的乐器来表现不同的人物，故事与音乐融为一体。

长笛的高音区表现小鸟的灵活好动；弦乐描绘了彼得的机智勇敢；双簧管生动地刻画出鸭子那蹒跚的步态；爷爷老态龙钟的神态由大管浑厚、粗犷的声音来表现；狼阴森可怕的嚎叫用三只圆号来体现。

《彼得与狼》最宝贵的是这部作品的思想内容：只要团结起来，勇敢而机智地进行斗争，任何貌似强大的敌人都是可以战胜的。

胎教感言：

去听听这首生动活泼的乐曲吧，让胎儿跟小鸟、小猫、小鸭子玩玩，与彼得一起战胜恶狼，勇敢的宝宝能够战胜困难，获得最终的胜利。

准爸爸不可缺席

收集笑话

准爸爸空闲时可以有意识收集一些笑话，从报纸上、杂志上、网站上等看到了好玩好笑的就摘下来，通过短消息发给老婆，让她也开怀一笑。或者打印出来，晚上读给老婆和小宝宝听。心情愉悦是最好的胎教，小宝宝一定会喜欢你这样做的，你最近收集了哪些笑话呢？

第19周

孕妈妈和胎儿身体变化

孕妈妈变化

此时你的新陈代谢加快，血流量明显增加。腰身变粗，动作开始显得笨拙。

如果注意自己的乳房，会发现乳晕和乳头的颜色加深了，而且乳房越来越大，这很正常，是在为哺育宝宝做准备。现在应注意乳头和乳房的保养，乳房增大后，乳腺也发达起来。如果忽略乳房保养，乳房组织就会松弛，乳腺管的发育也会异常，有可能生产后缺乏母乳。

进行乳房保养包括选用合适的胸衣，一些扁平乳头、凹陷乳头的孕妈妈，可以使用乳头纠正工具进行矫治。另外还需要做乳房保健按摩操，从乳房的四周向中心轻轻按摩，适时地开始乳房、乳头的保养按摩，可使乳头坚韧、挺起，利于将来宝宝吸吮。

胎儿变化

宝宝的循环系统和尿道进入了工作状态。

肺已开始工作了。

胎儿开始在妈妈的肚子里顽皮地抓拉脐带，不过不会做得太过分，胎儿懂得小心地保护自己。

胎儿身长约为13厘米，体重约170克。

孕妈妈营养与保健

大排畸B超

一般医院安排在18~24周对孕妈妈进行产前排畸筛查，在此孕周范围内胎儿大小适中，超声显影较清晰。四维彩超可立体显示胎儿的颜色、面孔、各器官的发育情况，甚至胎儿在母体里的状态。对胎儿畸形，如唇裂、腭裂、骨骼发育异常、心血管畸形等能早期诊断。

常规检查项目：胎位、双顶径、枕额径、腹径、股骨长度、骨长度、羊水、胎动、胎心、胎心率、胎盘位置、胎盘厚度、胎盘分级、胎盘下缘。

大排畸九项筛查：小脑，上唇，胃泡，心脏四腔，双肾，膀胱，胫、腓、尺、桡骨，脊柱，腹壁。

做排畸前不需要空腹，孕妈妈可吃几块巧克力，并适当活动，这样有利于宝宝的胎位达到最佳位置，在做检查时，把宝宝的所有情况良好展现在医生面前，不会出现宝宝的某些器官因为胎位关系而看不清晰或是看不到的情况发生。

孕妈妈一定要重视大排畸，即使错过了也要和医生沟通补充检查，以免胎儿有问题发现不了，出生后留下遗憾。

办公室安产提示

怀孕期，如果你还在上班，只需要在办公室做一些简单的布置，就可以舒适地工作了，每一点微小的变化都会给你带来一天的好心情，试试看吧。

1 把你的桌椅调整得尽可能地舒适。在办公室长时间坐着的时候，可以在办公桌底下放个鞋盒做搁脚凳，把脚垫高点有利于血液循环，减少腿部的水肿。还可以摆一双拖鞋在办公桌底下，来上班以后穿拖鞋，脚就更舒服了。

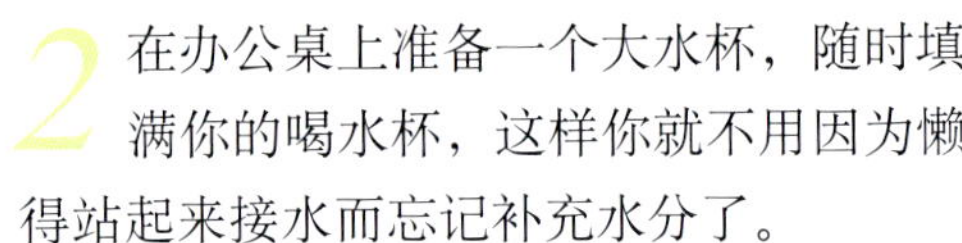

2 在办公桌上准备一个大水杯，随时填满你的喝水杯，这样你就不用因为懒得站起来接水而忘记补充水分了。

3 如果因为尿频而不得不去洗手间的话，就尽快去，以免膀胱受到压力。

4 工作一段时间后要适当地做做伸展运动，拍腿并适当按摩小腿部以放松压力，促进血液循环。这样还可以缓解工作期间遇到的压力，放松身心。

贴心指导

怀孕是你生命里一个非常特殊的时期，所以不必感到害羞而拒绝别人的帮助，必要的时候，你还可以寻求同事的帮助。尤其是做过母亲的同事，她们在帮助你的同时，你们之间的关系会更进一层。

轻松胎教方案

一周胎教要点

营养胎教，孕妈妈要注意补碘。碘是促进胎儿大脑和骨骼发育的重要原料。孕妈妈可以吃一些含碘丰富的食物，如海带、紫菜、海苔、鳗鱼肉等。

营养胎教：海带

海带中含有丰富的碘，如果妈妈体内缺碘，会导致胎儿出生后出现智力低下、个子矮小和不同程度的听力及语言障碍。孕妈妈适当吃海带还可缓解水肿，海带中的优质蛋白质和不饱和脂肪酸，对患有心脏病、糖尿病、高血压的妈妈有一定的防治作用，还可润发黑发。

美食推荐：海带豆腐汤

材料：豆腐200克，海带结50克，姜丝、盐各少许

做法：

1 豆腐块挤干水分，切成小块，海带结洗净。

2 锅中油烧热后，放入豆腐，煎至豆腐表面有些发黄后，倒入适量清水、海带结、姜丝。

3 煮至水开后，转小火煮30分钟，出锅前撒盐调味即可。

更多美食选择：海带炖排骨、海带炖鸡、黄豆芽拌海带。

小窍门：

1 为了保证海带的食用安全，食用前最好将海带用足够的水浸泡24小时，并勤换水，浸泡24小时后再出水晒干贮存，可以防止砷中毒。

2 海带性寒，烹饪时宜加些性热的姜汁、蒜蓉等加以调和，并且不要放太多油。

3 比较嫩、含砷量少的海带浸泡时间不要太长，以免海带中水溶性维生素、无机盐等营养物质溶解在水中流失，降低海带的营养价值。

4 炒海带前，最好将洗净的鲜海带用开水汆烫一下，炒出的菜会更加脆嫩鲜美。

美学胎教：欣赏优美的摄影作品

摄影是一个较为年轻的艺术门类，它是一种对现实的高度概括，与任何艺术一样，它来源于生活而高于生活，拍摄者使用照相机反映社会生活和自然现象，用有艺术感染力的照片来表达思想感情。

摄影中包含的不仅仅是画面中表现出来的影像，还包含了诸如哲学、人类学、社会学、历史学、艺术史等方面的背景，是一种雅文化，孕妈妈学会欣赏名家摄影作品，可令自己对艺术的理解更深刻，也可将艺术感染力传递给胎儿。

这个阶段，孕妈妈不妨多欣赏一些优美的、以孕妈妈和胎儿为主题的摄影作品，这样的作品特别能引起孕妈妈的共鸣，艺术感染效果更好。

贴心指导

如果孕妈妈对摄影技术有一定了解，也可以尝试自己来摄影，做生活的摄影师，这不仅能提高艺术修养，还能提高对美学的把握，一举数得。

准爸爸不可缺席

多和胎儿说话

准爸爸可以在每天晚上睡觉前，把手放在老婆的腹部，对胎儿说：“你今天又长了这么多，我是你爸爸哟。”准爸爸的抚摸，可以对老婆产生一种良性刺激，老婆在精神与肌体享受的同时，胎儿也能从中受益不少，尤其是对于情绪和精神紧张的老婆来说，这也是一剂良好的安慰剂。

准爸爸与胎儿说话的时候，不一定要拘于某种形式，内容应该丰富一些，诸如问候、安慰或批评胎儿等都可以。

在与胎儿说话时，准爸爸要善于揣测老婆的心理活动，仔细琢磨一下老婆需要听什么话，通过老婆良好的心理感受而产生积极的胎教效应。

第20周

孕妈妈和胎儿身体变化

孕妈妈变化

本周需要做一次产前检查。孕妈妈的腹部已经适应了不断增大的子宫，初产妇可能在本周感觉第一次胎动。

胎儿变化

18周后使用听诊器在腹壁可听到胎心音。

胎儿已能听到外界较强的声音。

胎儿的骨骼变得越来越硬，开始骨化，此时需要较多的钙、磷和维生素D。胎儿大约为14厘米长，体重约200克。

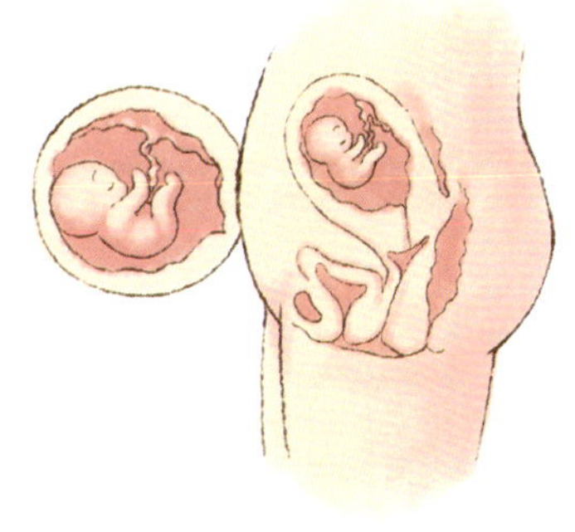

孕妈妈营养与保健

缓解孕期水肿

由于在整个怀孕过程，孕妈妈的体液会增加6~8升，其中4~6升为细胞外液，它们贮留在组织中，从而造成水肿。孕中期以后，孕妈妈的子宫已大到一定程度，有可能会压迫到静脉回流，也会导致水肿现象。随着怀孕周数的增加，孕妈妈的水肿现象会日益明显。

孕妈妈可以用以下方法判断自己是否有水肿：用手按压皮下脂肪较少的地方，如小腿前侧、手背、脚背等地方，如果会形成明显凹坑，手收回后，需要3~4秒时间凹坑才能恢复，说明你患上水肿了。

脚掌、脚踝、小腿是最常出现水肿的部位，有时候甚至脸部也会出现轻微的肿胀，一般分娩后即可回复，并无大碍。

缓解孕期水肿的方法

1 保持侧卧睡眠姿势，并保证充分的休息。这可以最大限度地减少早晨的水肿，建议孕妈妈在睡前(或午休时)把双腿抬高15~20分钟，加速血液回流、减轻静脉内压，缓解孕期水肿。

2 注意保暖，不要穿过紧的衣服。当患有水肿时，必须保证血液循环畅通、气息顺畅，所以不能穿过紧的衣服。

3 避免久坐久站，经常改换坐立姿势。孕妈妈步行时间不要太久；坐着时应放个小凳子搁脚，促进腿部的血液循环通畅，每一个半小时就要站起来走一走；站立一段时间之后就应适当坐下休息。

4 适当运动。散步、游泳等都有利于小腿肌肉的收缩，使静脉血顺利地返回心脏，减轻水肿。

5 给自己选择一双合脚的鞋。

6 平时可以做简单的腿部运动：晚上仰卧于床上，双腿高高竖起，靠在墙上，保持5~10分钟，这有加速血液回流、减轻静脉内压的双重作用，消除紧张过度，缓解孕期水肿，还可以预防下肢静脉曲张等疾病的发生。

贴心指导 如工作需要长时间站立、久坐，水肿情形会较严重，孕妈妈需要每个小时休息10~15分钟，休息时尽量将脚抬高，促进下肢血液循环，必要时可穿弹性袜，腹部膨大可以用托腹带轻轻托住，以减轻压力。

如何测量宫高和腹围

宫高妊娠图曲线

孕妈妈的宫高、腹围与胎儿的大小关系非常密切。孕早期、孕中期时，每月的增长是有一定的标准的。每一个孕周长多少，都是需要了解的。而且到后期通过测量宫高和腹围，还可以估计胎儿的体重。所以，做产前检查时每次都要测量宫高及腹围，以估计胎儿宫内发育情况，同时根据宫高妊娠图曲线以了解胎儿宫内发育情况，是否发育迟缓或巨大儿。

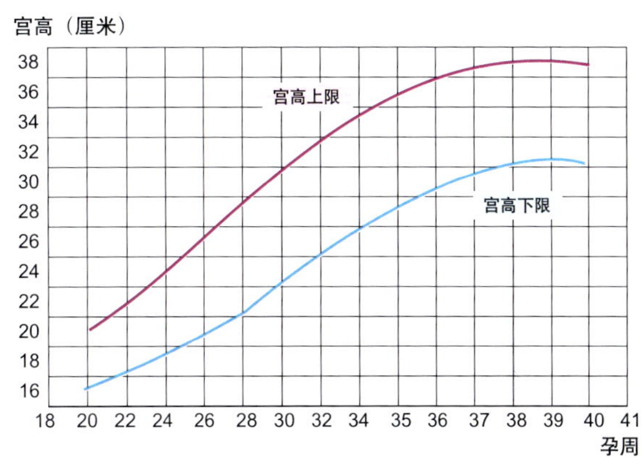

如果连续2周宫高没有变化，孕妈妈需立即去医院。

宫高的测量：从下腹耻骨联合处至子宫底间的长度为宫高。

腹围的测量：腹围的测量通过测量平脐部环腰腹部的长度所得。

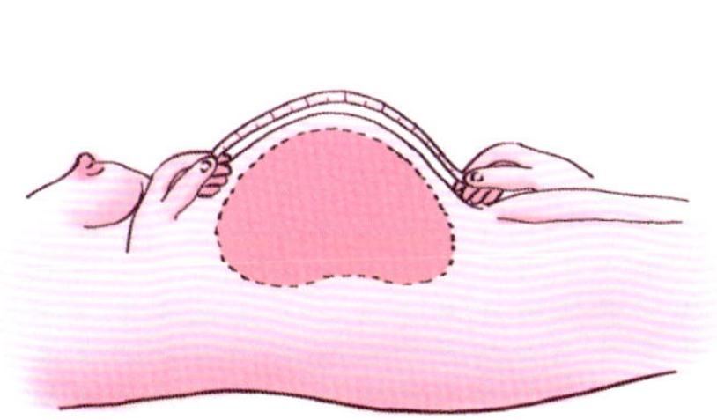

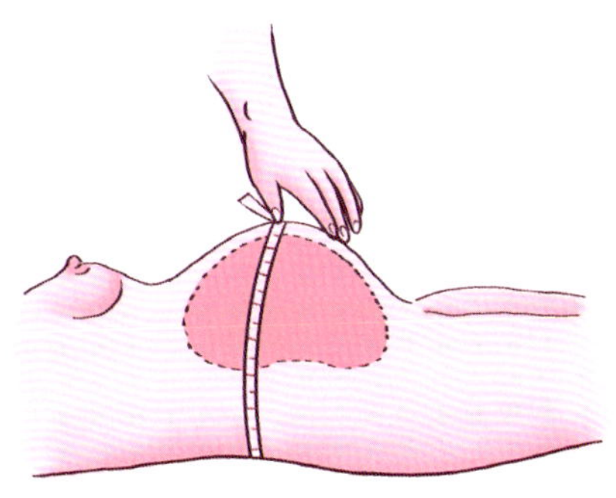

轻松胎教方案

一周胎教要点

语言胎教，孕妈妈要多和胎儿聊天，胎儿喜欢听妈妈和自己讲话，为自己朗读。经典的童话故事和寓言故事、优美的诗词散文等都是很好的材料。

诗人的故事：戴望舒

戴望舒1905年11月5日生于浙江杭州，著有《我底记忆》、《望舒草》、《望舒诗稿》、《灾难的日子》等。

雨巷诗人

《雨巷》是戴望舒早期的成名作和代表作。诗歌发表后产生了较大影响，诗人也因此被人称为“雨巷诗人”。

诗歌描绘了一幅梅雨时节江南小巷的阴沉图景，借此构成了一个富有浓重象征色彩的抒情意境。在这里，诗人把当时黑暗阴沉的社会现实暗喻为悠长狭窄而寂寥的“雨巷”，没有阳光，也没有生机和活气。而抒情主人公“我”就是在这样的雨巷中孤独行着的彷徨者。

“我”在孤寂中仍怀着对美好理想和希望的憧憬与追求。诗中“丁香一样的姑娘”就是这种美好理想的象征。

“瘢痕”之志

戴望舒的童年生活原本是平静的，可是一场天花夺去了他活泼可爱的面容，使他的脸上终身落下瘢痕。当他涉世后，生理上的缺陷，常常使他变成别人奚落的把柄，即使后来在诗歌上取得一些成就，但还是常常受到来自同行的嘲笑。

在讥讽与嘲笑中的戴望舒，只有把唯一的希望寄托在诗歌上，这是少年时期就立下的志愿。他认为，他这样一个被生理缺陷困扰的人，要想在社会上立足就必须是某一方面的强手。最终他在诗坛上取得了巨大的成功。

诗歌欣赏

我思想

我思想，故我是蝴蝶……
万年后小花的轻呼，
透过无梦无醒的云雾，
来振撼我斑斓的彩翼。

胎教感言：

母亲在文化修养上的喜好能影响到胎儿将来的兴趣爱好，孕期的你不仅要多注意自己的言谈举止，还需要对自己的艺术、文化、修养等做出一定的要求，让自己给胎儿一个积极的影响。

孕妈妈操：腰背、肩臂肌运动

随着胎儿的发育增长，身体重心会发生改变，为了平衡，孕妈妈往往需要将身体往后倾，这种姿势会加重韧带和脊柱的负荷，导致腰背部及肩臂疼痛。到了孕晚期，疼痛还会加重，建议孕妈妈做些合理的有氧运动，可有效缓解孕妈妈的腰背痛。

增强腰背肌肉力量的运动

1 以舒适的姿势侧卧在地毯上，右手臂自然地放在身上，左手臂屈肘向头部弯曲，并且把小臂枕于头下，左腿向下伸直，右腿向上屈膝并放在一个枕头上。以闭目养神的样子在心里默数到10，先深吸气再做呼气动作。按照这个姿势，上身再向相反方向侧卧，做同样动作。

2 将两条腿放松地跪在地毯上，向前弓腰，双臂下伸，两只手扶地，两条手臂与大腿平行，两条小腿着地。心里默数到10，先深吸气再做呼气动作，使身体重心移向两手和两膝。

3 保持刚才的姿势，孕妈妈将头慢慢地低下，让颈部用力地挺直。心里默数到10，先深吸气再做呼气动作，然后身体恢复原状，使背部受力。

小提示：这一组运动中的每一个动作，可以重复做5~6次，一定要注意动作轻柔缓慢，充分放松腹部。

贴心指导

孕妈妈坐在椅子上的时候，如果椅子靠背呈直角，腰部承受的负担与站立的时候几乎相等，但如果把靠背向后倾斜20度，或者倾斜一下背部，腰部负担就可减半，舒适很多。

营养胎教：缓解水肿的吃法

孕期水肿一般不会对胎儿产生不良的影响，但会给孕妈妈带来一些不便，通过调节饮食来缓解水肿是很重要的一个方法。

缓解水肿的饮食原则

1 吃足量的蔬菜水果。蔬菜和水果中含有人体必需的多种维生素和微量元素，可以提高机体抵抗力，促进新陈代谢，还有解毒利尿等作用，能帮助消除水肿，比如红豆、冬瓜、西瓜、茄子等。孕妈妈每天别忘记进食蔬菜和水果，进食蔬菜每天不少于500克。

2 多吃含蛋白质高的食物。增加饮食中蛋白质的摄入，可以提高血浆中白蛋白含量，改变胶体渗透压，能将组织里的水分带回到血液中。孕妈妈每天都应摄取优质的蛋白质，如肉、鱼、海鲜、贝类、蛋类、奶类及奶制品、豆制品等。特别是鲤鱼和鲫鱼，孕妈妈可以多吃，不但消除水肿效果好，还有利宝宝大脑发育。

3 少吃过咸的食物。在人体内，盐和水分是一对孪生姐妹，食盐过多会产生口渴，必然大量饮水，水、盐积聚在体内超过肾脏排泄能力，从而导致水肿。因此不要吃过咸的食物，如咸鱼、咸肉、咸菜、香肠、咸鸭蛋等。

4 少吃难消化和易胀气的食物。吃油炸的糯米糕、白薯、洋葱等难消化和易胀气的食物，会引起腹胀，使血液回流不畅，加重水肿。

贴心指导

取玉米须适量，用热水冲泡20分钟做成玉米须茶，每天饮用可缓解水肿；将鲤鱼加红豆煮汤，不加盐，每天喝一次，红豆、鱼、汤均可吃，连吃数日也可有效减轻水肿。

多吃利尿食物

1 鲫鱼：鲫鱼是一种益脾胃、安五脏、利水湿的淡水鱼，鲫鱼肉是高蛋白、高钙、低脂肪、低钠的食物，经常食用，可改善血液的渗透压，有利于合理调整体内水的分布，使组织中的水分回流进入血液循环中，从而达到消除水肿的目的。

2 鲤鱼：鲤鱼有补益、利水的功效，常食可以补益强壮、利水祛湿，鲤鱼肉中含有丰富的优质蛋白质，钠的含量也很低，可消水肿。

3 冬瓜：冬瓜具有清热泻火、利水渗湿、清热解暑的功效，可提供丰富的营养素和无机盐，既可泽胎化毒，又可利水消肿，孕妈妈可以常吃。

4 土豆：土豆含有丰富的无机盐分，钾含量很高，不仅能帮助身体排出因食盐过多而滞留在体内的钠，还能促进身体排出多余水分，因而可以消除水肿。

5 西瓜：西瓜含有一种氨基酸类的成分，叫作瓜氨酸，有很好的利尿功效，对因怀孕引起的水肿有效。

准爸爸不可缺席

帮老婆测量宫高和腹围

准爸爸可以通过上面介绍的方法，帮老婆每周测量一下宫高和腹围，看着老婆的肚子一天天大起来，体会着老婆的辛苦，想象着小宝宝快乐地成长，能让你更快地进入父亲的角色。测量时别忘了和小宝宝“交代”一下哦：小宝宝，爸爸要给妈妈量腹围了，来让爸爸看看小宝宝又长大了多少？爸爸的声音是小宝宝最喜欢听的，一定要多多和小宝宝交流，让小宝宝知道爸爸和妈妈一样爱他。

第6个月

我是小运动健将

你的子宫底高度已达到18~21厘米，体重增长比前几个月要稍快，体态暴露无遗，是开始穿孕妈妈装或其他宽松式样服装的时候了。这个时期常会感到热、爱出汗，所以要多喝水，勤换内衣，勤洗澡。

第21周

孕妈妈和胎儿身体变化

孕妈妈变化

孕妈妈会觉得呼吸变得急促起来，特别是上楼梯的时候，走不了几级台阶就会气喘吁吁的。这是因为日益增大的子宫压迫了孕妈妈的肺部，而且随着子宫的增大，这种状况也更加明显。

此时胎儿和母体的生长发育都需要更多的营养，要注意增加铁质的摄入量，胎儿要靠吸收铁质来制造血液中的红细胞。这一阶段孕妈妈常会出现贫血现象，应该多吃富含铁质的食物，如瘦肉、鸡蛋、动物肝、鱼、含铁较多的蔬菜及强化铁质的谷类食品，如有必要也可在医生的指导下补充铁剂。

胎儿变化

胎儿的胸脯不时鼓起来、陷下去，胎儿开始了呼吸，不过口腔中是羊水而非空气。胎儿体长15厘米左右，体重大约为230克。

孕妈妈营养与保健

防治妊娠高血压综合征

妊娠高血压综合征，简称妊高征，是指怀孕20周(孕5月)以后出现的高血压、蛋白尿及水肿等的综合征。多发于妊娠32周，发病越早病情越重。妊娠高血压综合征还会影响胎盘功能，使胎儿发育迟缓，甚至窒息，一定要做好防治工作。

首先做好预防

1 定期产检。孕妈妈不应错过产检，多关注血压、尿蛋白和体重，因为妊娠高血压加上尿蛋白，可能意味着一种比较严重的孕期疾病，就是先兆子痫，应及早发现及早治疗，把影响降到最低。

2 控制体重增长速度与幅度。每周体重增长过快是妊娠高血压综合征的危险因素，整个孕期的体重增长应控制在10~12千克之间，尤其是孕晚期，每周增重0.5千克为宜。

3 注意既往史。曾患有肾炎、高血压等疾病以及上次怀孕有过妊娠高血压综合征的孕妈妈要在医生指导下进行重点监护。

4 如果你属于身材矮胖、贫血、营养不良、工作紧张或有高血压家族史的易患人群，则更要密切注意高血压的防治。在孕中、后期要常测量血压、体重、尿蛋白等以排除异常情况。

5 尽量避免紧张、焦虑、发怒、劳累等，以防血压上升。

注意饮食、营养

1 饮食应三高一低，即高蛋白、高钙、高钾及低钠，有助于预防妊高征。孕妈妈应多吃鱼、肉、蛋、奶及新鲜蔬菜，少食过咸食物。

2 严格控制食盐摄入。食盐控制量每日应在5克以内，避免所有含盐量高的食品，如浓肉汁、调味汁、腌制品、熏干制品、罐头制品、油炸食品、肉类熟食等。酱油也不能摄入过多，6毫升酱油约等于1克盐的量。

3 补充维生素C和维生素E。这样能够抑制血中脂质过氧化作用，降低妊娠高血压综合征的反应。因此，妊高征孕妈妈应多吃蔬菜、水果、坚果等健康食品。

了解妊娠高血压的症状一旦发生类似高血压症状，应及时就医治疗

1 初期阶段症状：血压轻度升高，伴有水肿和蛋白尿。水肿多由踝部开始，渐延至小腿、大腿，重者达外阴部及腹部，指压时有明显的凹陷，经休息也不消退。

2 病情恶化阶段症状：会出现头痛、眼花、恶心及呕吐等症状。

3 严重阶段症状：发生抽搐，临床上称此为先兆子痫，如不采取紧急治疗将迅速出现全身抽搐及昏迷，易产生脑出血、急性心力衰竭、胎盘早期剥离及急性肾衰竭等各种并发症，直接危及母儿的生命，甚至导致母儿死亡。

及时纠正异常情况

1 如发现贫血，要及时补充铁质。

2 若发现下肢水肿，要增加卧床时间，把脚抬高休息。

3 血压偏高时要按时服药。

4 症状严重时要考虑终止妊娠。

贴心指导

妊高征发病原因尚不清楚，因此难以完全避免，如果出现妊娠高血压症状，一定要尽可能多休息，不要为工作或生活所累，听从医生的指导，一般病情都能得到控制并好转。

孕妈妈贫血对胎儿的影响

如果孕妈妈贫血，胎盘供血不足，可导致胎儿宫内发育迟缓及早产，新生儿的患病率和死亡率都增高，容易发生宫内窘迫甚至胎死宫中。铁的运输是单方向由胎盘供给胎儿，即使孕妈妈缺铁，铁仍然源源不断地通过胎盘传输给胎儿。如果孕妈妈严重缺铁，胎儿无论如何也摄取铁不足，不能满足自己的生长发育，也不能储备丰富的铁，以备出生后的需要。如果铁摄入不足，胎儿出生后发生缺铁性贫血的概率增高。胎儿缺铁还会影响胎儿的脑发育。

预防缺铁性贫血

缺铁性贫血是缺铁的晚期表现，是体内铁储备告急的信号。缺铁性贫血是可以预防的，孕妈妈贫血多是因为重视不够。孕妈妈在饮食上要注意下列几点。

1 食补，摄取含铁丰富的食物。如黑木耳、黑豆、黄豆、绿豆、蘑菇、西红柿、胡萝卜、鸡肝、猪肝、牛羊肾脏、瘦肉、蛋黄、海带、黑芝麻、芝麻酱、红糖、油菜、芹菜等。

2 药补，服用铁剂。请产科医生根据孕妈妈的情况开药。

3 多吃含维生素C的食物可促进铁的吸收。茶叶、咖啡等会影响铁的吸收，尽量避免。动物铁比植物铁更易吸收。

铁是生产血红蛋白的必备元素，孕妈妈一定要多补充含铁丰富的食物，必要时还需补充含铁丰富的营养药或保健品。

轻松胎教方案

一周胎教要点

营养胎教，孕妈妈要多食用含铁丰富的食品，最好通过食疗的方式补充充足的铁，满足胎儿对铁的需求。

营养胎教：猪血

猪血中含有人类不可缺少的钙、铁、钾、锌、铜等微量元素，是理想的补血佳品之一。此外，猪血还具有解毒和滑肠作用，有助于顺利分娩。孕妈妈吃猪血还可帮助提高免疫功能、健身防病。

美食推荐：清炒猪血

材料：猪血500克，姜1片，料酒、盐、鸡精各1小匙

做法：

1 将猪血清洗干净，切成大块备用；姜洗净切成丝备用。

2 将锅置于火上，加入适量清水烧沸，放入猪血块氽烫片刻，捞出沥干水分，改切成小块。

3 锅内加入植物油烧至七成热，倒入猪血，加入料酒、姜、盐，翻炒均匀，起锅前加鸡精调味即可。

更多美食选择：猪血菠菜汤、猪血丸子、木耳猪血汤。

小窍门：

1 买回猪血后，要除去黏附着的猪毛及杂质，放到开水锅中氽透，再进行进一步烹调。

2 猪血不宜单独烹饪，最好加一些辣椒、葱、姜等作料，以除去猪血本身的异味。

贴心指导：

选购猪血时首先要看有无气孔，因血中含有气体，一经加热后就会有较均匀的小孔，这是鉴别真猪血的首要条件。猪血不宜与黄豆、海带同煮，否则会引起消化不良或便秘。

音乐胎教：《小狗圆舞曲》

弗雷德里克·弗朗索瓦·肖邦，波兰作曲家和钢琴家，他是欧洲19世纪浪漫主义音乐的代表人物，也是历史上最具影响力和最受欢迎的钢琴作曲家之一。

胎教引语：

降D大调圆舞曲（“小狗”）（作品64之1）作品64号共有三首圆舞曲，是肖邦在世时最后发表的圆舞曲。其中第三首（降D大调，即本曲）为肖邦圆舞曲中最著名的一首，俗称为《小狗圆舞曲》。

胎教意境：

传说肖邦的情人乔治·桑喂养着一条小狗，这条小狗有追逐自己尾巴团团转的“兴趣”。肖邦依照乔治·桑的要求，把“小狗打转”的情景表现在音乐上，作成了这首乐曲。乐曲以快速度进行，在很短的瞬间终了，因此又被称为《瞬间圆舞曲》或《一分钟圆舞曲》。

全曲为简单的三段体。在四小节序奏后，主旋律以反复回转的形态出现，其速度之快令人目不暇接；中段则是甜美而徐缓的旋律，与第一段的急促形成鲜明的对比；第三段为第一段之反复。

胎教感言：

进入到孕6月之后就可以真正开始有计划的音乐胎教了，每天播放1~2次音乐，每次15~20分钟左右。为了保证胎教效果更好，每种音乐尽量连续播放几天，让胎儿有足够的时间来熟悉。

准爸爸不可缺席

全家一起去游泳喽

游泳的好处如此之多，喜欢游泳的孕妈妈也可以继续享受游泳的快乐。准爸爸陪老婆一块去游泳，一定要注意选择人比较少的时候去，要随时注意老婆的情况。热热身再下水，不管是仰泳还是纯粹在水中走一走，漂一漂，准爸爸都要注意周围有没有不安全的因素。游泳的时间以半小时到一小时为宜。游泳既锻炼了身体，又能让孕妈妈放松神经，还增进了夫妻间的感情。准爸爸一定要做好护花使者，保护好妻儿的安全。

第22周
孕妈妈和胎儿身体变化

孕妈妈变化

这一时期是孕期最为轻松的时刻。孕妈妈的肚子还不是很大，早孕阶段的恶心、呕吐、疲乏等妊娠反应已经逐渐消失。孕妈妈可以充分享受这个时期的轻松，因为进入孕晚期后身体会越来越笨重，行动也会越来越不方便。

如果必须安排一次外出旅行，此时是比较好的时期。孕妈妈的乳房开始分泌初乳，以使乳头保持湿润，保护哺乳时的乳头。

胎儿变化

胎儿可以吞咽羊水，肾脏能制造尿液。

感觉器官开始按区域迅速发育。

给胎儿听很大的声音，胎儿会用手捂住耳朵。

每天胎动200次左右。

全身长满细柔的胎毛。

开始生出头发指甲。

胎儿长约18厘米，体重大约为250克。

孕妈妈营养与保健

凯格尔运动

凯格尔运动，又称会阴收缩运动，它以洛杉矶医生阿诺德·凯格尔的名字命名，是他在20世纪40年代推广了这项训练。

凯格尔运动的目的是加强盆腔底部肌肉，或称耻尾肌。这些肌肉从耻骨后方向前方伸展，并包围阴道口和直肠。加强训练耻尾肌可以促进尿道和肛门括约肌的功能，防止肛门失禁。还可以恢复骨盆肌的紧张力，而且可以刺激生殖器区，增加生殖区的血流量，从而改善性功能。

我们来简单地说明如何做凯格尔骨盆运动

1 站立，双手交叉置于肩上，脚尖呈九十度，脚跟内侧与腋窝同宽，用力夹紧。保持5秒钟，然后放松。重复此动作20次以上。

2 简易的骨盆底肌肉运动可以有时有地进行，以收缩5秒、放5秒的规律，在步行时、乘车时、办公时都可进行。

第二阶段是有效率地每天自我训练

1 平躺，双膝弯曲。

2 收缩臀部的肌肉向上提肛。

3 紧闭尿道、阴道及肛门(它们同时受到骨盆底肌肉支撑)，此感觉如尿急，但是无法到厕所去尿尿的动作。

4 保持骨盆底肌肉收缩5秒钟，然后慢慢地放松，5~10秒后，重复收缩。

5 运动的全程，照常呼吸，保持身体其他部位的放松。可以用手触摸腹部，如果腹部有紧缩的现象，则运动的肌肉为错误。

孕期适量补锌

锌在生命活动过程中起着转运物质和交换能量的作用，被誉为“生命的齿轮”。怀孕期间，孕妈妈对锌的需求也在增加，那么，孕妈妈应怎样适量地补充锌呢？

富含锌的食物有香蕉、苹果、植物的种子(麦胚、葵花子、各种坚果等)、卷心菜等，正常人每日需从饮食中补充12~16毫克的锌，孕妈妈每日需要补锌20毫克。如不能摄入足够的锌，可导致胎儿脑细胞分化异常，脑细胞总数减少；新生儿出生体重低下，甚至出现发育畸形。血锌水平还可影响孕妈妈子宫的收缩。血锌水平正常，子宫收缩有力；反之，子宫收缩无力。因此，应注意锌的补充，以保证胎儿的正常发育、孕妈妈的顺利分娩。

轻松胎教方案

一周胎教要点

营养胎教，孕妈妈要均衡膳食，少食多餐，继续补铁补钙，保证营养的供应。

营养胎教：炖猪蹄

材料：猪蹄500克、葱、香菜段、精盐、酱油各适量。

做法：

1 猪蹄治净，剁成段，入沸水中焯片刻，捞出沥水；葱洗净，切段。

2 煲内加入适量清水，放入猪蹄，旺火烧沸，打去浮沫，改小火煮至猪蹄熟烂，加入葱段稍煮，烹入酱油，调入少许精盐，煮至入味，盛出撒香菜段即可。

健康小贴士：补血，消水肿。

故事胎教：《钉子》

钉 子

选编自《格林童话》

一个商人在集市上生意红火，他卖完了所有的货，钱袋装得满满的。他想天黑前赶到家，便把钱箱捆在了马背上，骑着马儿出发了。

中午时分，他到了一个镇上休息了一会儿。当他想继续赶路时，马童牵出马来对他说："老爷，马后腿的蹄铁上需要加颗钉子。"

"由它去吧，"商人回答说，"这块蹄铁肯定能撑到走完这六里路，我要急着赶路呢！"

下午时候，他又一次叫人喂马，马童走进房间对他说："老爷，马后腿上的一块蹄铁掉了，要不要我把它带到铁匠那去呢？"

"由它去吧！"商人回答说，"这马一定能坚持走完这剩下的几里路，我时间紧着呢！"

他骑着马儿继续往前走，但不久以后马就开始一步一瘸的了，再过会儿就开始踉踉跄跄，最后它终于跌倒在地，折断了腿。那生意人只好扔下他的马，解下钱箱扛在背上，步行回家。

等赶回家时已是午夜时分，只听他唠叨着："都是那颗该死的钉子把我给害惨了。"

胎教引语：

道理大家都懂，但是在实践中还是会一而再再而三地犯同样的错，这是个难以说清楚的问题，但从故事中看问题与讲道理相比，人们往往更喜欢自己从故事中总结道理，然后默默地恪守，其实各人心里都有一杆秤，轻重自知，就看怎样表达。

胎教意境：

孕妈妈讲故事的时候，可以仔细把故事讲给胎儿听，自己领会其中蕴涵的道理，然后将总结的经验和道理说给胎儿听，可以是探讨的语气，也可以是反问的语气，不必太刻板。

故事中的道理大致是：一颗钉子看起来不起眼，最后却让马儿摔断了腿。它告诉人们，有时候越是着急做某件事情，越是做不好，这就是欲速则不达的道理。它还告诉人们，平时遇到一些小问题如果不及时解决，就会越来越严重，等到小问题变成大问题，就会造成不可挽救的后果。

胎教感言：

孕妈妈可以坐在公园的小板凳上给胎儿讲故事，这样可以让身心都投入到故事中去，在大脑中想象故事里的场景，并把它传递给胎儿。

好书推荐：《小王子》

童话《小王子》完成于美国纽约，首版于1943年，作者为法国作家安东尼·德·圣埃克苏佩里。《小王子》被译成超过180种语言，销售量超过8000万册。

胎教意境：

《小王子》以第一人称的角度叙事，作者在撒哈拉沙漠遇上了从遥远的小星球来的小王子，从小王子有意无意的透露中，他逐渐知道了小王子的经历：小王子在自己的小星球上与骄傲的玫瑰花闹别扭之后，动身四处游历，他在不同星球遇到了不同的成年人，这些成年人的行为，也同样令小王子大惑不解。

在童话中，小王子住在B612号小行星上，有一天他来到了地球，初次登陆，他降落在无边无际的沙漠上，像创世纪的旱地那么凄凉。小王子与飞行员的对话，闪闪烁烁，憨直好笑，默认时羞答答脸红，生气时金头发在风中乱摇。像每个追梦的人一样，为自己的问题所迷茫时，小王子也常常流露出一种伤感的情绪。

胎教感言：

这本给成人看的儿童书处处包含着象征意义，这些象征看上去既明确又隐晦，因此也格外美。将这本童话推荐给孕妈妈，在小王子略显忧郁又充满童趣的世界里，相信每一个孕妈妈会别有一番感受。

准爸爸不可缺席

安排一次短期出游

怀孕中期约16~28周最适合出游，即使长途旅行也不会有太大问题，准爸爸可以为一家人安排一次短期旅游。

必须准备宽松、舒适的衣裤和鞋袜，带一只符合自己心愿的枕头或软垫供途中使用。

为了以防万一，事先上网搜集当地医院、旅馆、餐饮、交通线路资料。

制订合理的旅行计划。在行程安排上一定要留出足够的休息时间。若行程难以计划和安排，有许多不确定的因素，最好还是不去。

运动量不要太大或太刺激。例如不要玩过山车、自由落体、高空弹跳等。

旅途中随时注意身体状况。若有任何身体不适，如下体出血、腹痛、腹胀等，应立即就医，不要轻视身体上的任何症状而继续旅行，以避免错过最佳诊治时机。

一般来说，出游季节以气候温和凉爽的春季及秋季为好，地点以平坦的平原、交通方便的地方为主，不要做走马看花似的旅游，省去舟车劳顿之苦。

第23周

孕妈妈和胎儿身体变化

孕妈妈变化

此期孕妈妈体重每周大约增重300克，体重稳定增加，由于增大的腹部影响到消化系统，某些孕妈妈可能会有消化不良或胃部灼热感，少吃多餐可能有助于减轻胃部灼热感，饭后散步有助于消化。孕妈妈还会发现分泌物增多，这是正常情况，不用担心。

胎儿变化

胎儿全身开始变得滑溜溜的，身上有了一层胎脂，可以保护胎儿的皮肤以免在羊水的长期浸泡下受到损害。

胎儿的体重在不断增加。

孕妈妈营养与保健

减轻腰酸背痛的注意事项

1 当腰酸背痛于怀孕早期发生时，就要特别注意姿势，避免恶化。此时，孕妈妈若有进行运动的习惯（轻度运动），仍应保持。

2 保持良好的姿势，包括站姿、坐姿及睡姿。

站姿：到了怀孕中期及后期时更应避免长时间站立，稍有不适就要坐下或躺下。

坐姿：孕妈妈坐着时可于椅背上放柔软靠垫，舒缓背部压力；而双脚也可放于矮凳上，帮助腿部血液循环。

睡姿：躺下时可将两腿垫高，协助血液循环，消除酸痛的效果会更好。睡觉时可采取侧卧，减轻腰部负担及舒缓不适的感觉。睡时于膝关节下方垫块软毛巾可放松腹肌压力。

3 穿着合脚舒适的鞋子，可以减轻腰酸背痛的症状。

4 不要穿高跟鞋，即使是支撑面较广的宽底高跟鞋也不宜。

5 勿提重物或抱小孩，以免腰部负荷过大。此外，怀孕时期的肌腱、关节和韧带本来就比较脆弱，再加上怀孕末期肚子太大，不小心一个错误使力就可能使身体无法承受突如其来的扭力造成后遗症。

6 适当的产前运动，如游泳、走路、体操等，可以减轻下背疼痛。

7 使用托腹带，可使腹部得到支撑，减轻腹部压力，减少因肌肉紧缩产生的下背痛。

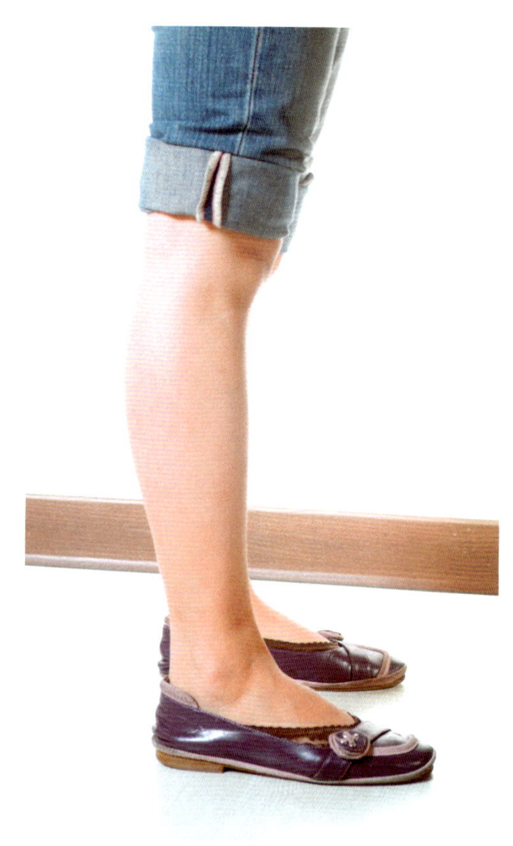

8 若是骶髂关节所引起的下背痛，则必须使用骨盆带，而非托腹带。此外，尽量避免长时间行走。

9 泡热水澡或局部热敷，再加上按摩，可以放松肌肉、改善循环，也能非常有效地舒缓下背痛。

10 不建议服用止痛药，若真有需要，最好请教专科医生。

11 不可接受推拿治疗，以免因不当的施力造成不良后果。

居家布置安全第一

进入怀孕中期，孕妈妈挺着大肚子，行动实在不方便，因此需要格外注意家中家具摆放上的便利性及安全性。

采光照明很重要

尤其是夜间照明，在通往洗手间的走道上，或是在厨房、客厅、卧室，最好都加装小夜灯，保持适当的夜间照明，让孕妈妈行动更安全。

主要通道保持足够宽敞

随着怀孕周数的增加，以及孕妈妈体形的明显改变，家中家具的摆置，诸如各厅室间的走道、门口的鞋柜，都请尽量避免堆放杂物；原本放置在主要通道上的储物柜，也请尽量移往别的房间。此外，也应该避免将脚踏车、机车停放在大门口，导致出入通道过于狭窄，对孕妈妈行动造成困扰。

浴室里请铺上防滑垫、装上扶手

洗澡是一天中最令人舒服的享受了，但是建议家中有孕妈妈者，无论是盆浴或是淋浴，最好都在浴室里铺上防滑垫。建议习惯使用莲蓬头淋浴的孕妈妈，可以在莲蓬头下方贴上防滑垫；至于习惯站在浴缸里面淋浴或是泡澡者，最好在浴缸里也贴上防滑垫，以免肥皂泡沫导致孕妈妈不小心滑倒。浴室中也可以加装扶手，加强孕妈妈的支撑力，提升浴室安全性。

物品收纳，请集中在孕妈妈肩膀及膝盖间的高度

家中有孕妈妈者，物品收纳的习惯也必须调整。因为孕妈妈容易重心不稳，加上挺着大肚子，无论是踮起脚、蹲低，都非常困难。因此，经常使用的物品，收纳高度不应超过肩膀以上、膝盖以下。

有高低落差的地方，请贴上防滑贴条

譬如在楼梯最后一阶与地板交接处，应贴上防滑贴条，避免孕妈妈因重心不稳而摔倒。另外，床铺与地板之间可以适当铺上小地毯，有些家中浴室门口会铺上踏垫，但是这些地垫底下，最好能再使用防滑贴条固定，避免滑倒。

轻松胎教方案

一周胎教要点

音乐胎教，孕妈妈在胎儿觉醒时可以给胎儿唱唱儿歌，古今中外的都可以，《雪绒花》、《小燕子》、《蓝精灵之歌》、《摇篮曲》都是不错的选择。

营养胎教：土豆

土豆含有丰富的维生素、膳食纤维及钙、钾等微量元素，非常容易消化，可宽肠通便，帮助机体及时排泄代谢毒素，还可帮助孕妈妈预防妊娠高血压和生理性水肿。土豆中含大量有特殊保护作用的黏液蛋白，可预防心血管系统的脂肪沉积，还具有一定美容和抗衰老作用。

美食推荐：土豆焖牛腩

材料：牛腩肉500克，土豆200克，胡萝卜100克，葱段、姜片、蒜末、白糖、料酒各适量。

做法：

1. 牛肉洗净，切成块，用清水浸泡半小时后捞出，沥干水分；胡萝卜洗净切滚刀块。
2. 土豆去皮，切滚刀块，入油锅炸至半熟后捞出控油。
3. 牛腩肉放入开水锅中再次煮开，撇净浮沫，加入葱段、姜片、料酒、蒜末、白糖，改用小火炖至九成熟。
4. 加入土豆、胡萝卜，炖至熟烂即可。

更多美食选择：土豆烧牛肉、青椒土豆丝、凉拌土豆丝。

小窍门：

1. 土豆适用于炒、炖、烧、炸等烹调方法。
2. 把切好的土豆片、土豆丝放入水中，去掉部分淀粉可以方便烹调，但注意不要泡得太久而致使水溶性维生素等营养流失。
3. 土豆宜去皮吃，有芽眼的部分应挖去，以免中毒。
4. 土豆切开后容易氧化变黑，属正常现象，不会造成危害。

儿歌胎教：《打电话》

两个小娃娃呀，
正在打电话呀，
“喂喂喂，你在哪里呀？”
“唉唉唉，我在幼儿园。”

两个小娃娃呀，
正在打电话呀，
“喂喂喂，你在干什么？”
“唉唉唉，我在学唱歌。”

胎教引语：

这是一首很受小朋友欢迎的儿歌，天真稚气的孩子喜欢模仿周围的生活，这首儿歌表现的是宝宝模仿大人打电话，朗朗上口，充满童趣。

胎教意境：

想象自己童年时代的小伙伴，假设自己和小伙伴在玩打电话的游戏，一个问一个答，这样更能融入儿歌的氛围中。模拟和体会小娃娃的语气、神态，以及他们好奇而惹人爱的模样。从这个月开始，孕妈妈应该更加注意发音的准确性，因为胎儿已经能听到外界的声音，正确的发音对胎儿加强语感是有帮助的。

胎教感言：

孕妈妈可以和胎儿互动来唱唱这首儿歌，想象胎儿正在跟你打电话，快乐的游戏与朗朗上口的歌词会让你们合作得很愉快。

孕妈妈做手工：自制小兜肚

宝宝出生后要避免着凉，为宝宝准备一些兜肚就能避免小肚子着凉了。小兜肚好看又耐穿，可以做成各种款式和颜色，很容易出彩，孕妈妈也容易获得很大的满足感。

胎教引语：

自制兜肚比较容易，做法简单，重点是创意，这十分符合现代人DIY的精神，有绣工的孕妈妈还能在兜肚上发挥更多的好创意。

胎教意境：

材料：两块棉质的方布，尺寸约为30厘米×30厘米，可自己进行调整；带子4根（用同样的棉质布料裁剪，或其他棉质系带）

步骤：

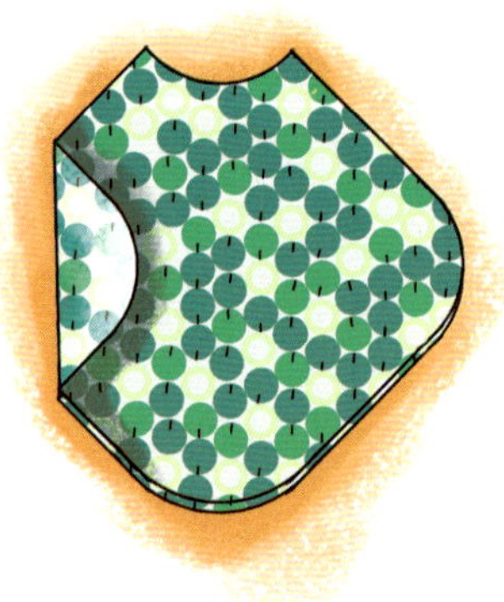

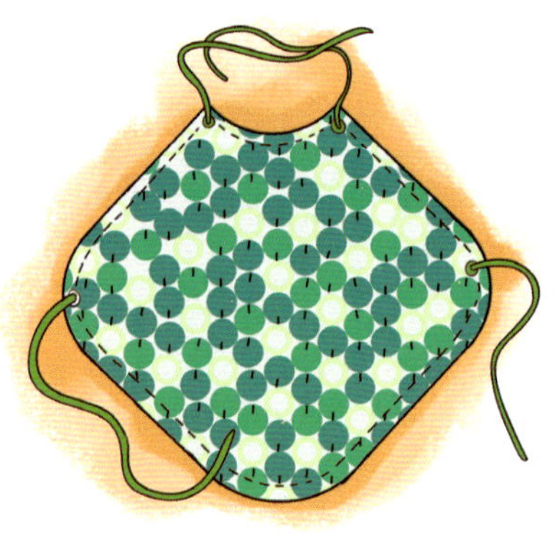

1 将两块棉布面朝外相叠，然后对折成三角形。

2 将一边为折边的任一角裁剪出凹弧形，用作脖子部分，其余两角剪成凸圆形。

3 将剪好的布料展开，缝合两块布的接口，然后在脖子两端以及两边腰部各缝一条带子即可。

胎教感言：

小兜肚是直接为腹中胎儿而做，等于是一份提前备下的见面礼，孩子一出生就能用上，非常实用，孕妈妈会很有成就感，这种积极的情绪对胎儿发育非常有利，应怀着美好的期待，来为胎儿准备这份有意义的礼物。

音乐胎教：《摇篮曲》

《摇篮曲》由勃拉姆斯作曲，后人曾将这首歌曲改编为轻音乐，在世界上广为流传，深入人心。

胎教引语：

曲子旋律轻柔甜美，伴奏的节奏则带摇篮的动荡感，整首曲子犹如一首抒情诗，是母亲抚慰宝宝入睡的歌曲。

胎教意境：

1864年，勃拉姆斯在汉堡遇见了一个维也纳的青年女歌手，名叫贝尔塔。奥地利姑娘特有的温柔妩媚和天真烂漫，比起一本正经、不苟言笑的北方姑娘来，自有一种神秘的魅力。从她身上，勃拉姆斯感到他注定要终老于此的奥地利土地分外可爱。

勃拉姆斯对贝尔塔一见钟情，但最终没能成为眷属，当贝尔塔养第二个孩子的时候，勃拉姆斯送给她一首“随时随地可以用来取乐”的《摇篮曲》，“晚上好，夜里好，玫瑰花、丁香花都已闭上了眼，你也快睡觉”的曲调，是一首用古老的奥地利方言唱的伦德勒舞曲。

除了勃拉姆斯外，舒伯特和莫扎特也都写过《摇篮曲》，孕妈妈都可以听一听，感受一下。

胎教感言：

《摇篮曲》适合在睡前轻轻哼唱，或静静地听，恬静、优美的旋律能让你和胎儿感觉到温暖，很快你们就能在乐曲中入睡，安享一夜的好梦。

准爸爸不可缺席

多抚摸胎儿

每个孩子都喜欢父母的爱抚，胎儿也不例外，经常受到父母爱抚的孩子长大后遇事更冷静沉着、反应更机敏，准爸爸的抚摸胎教对胎儿也同样重要。

准爸爸可以让老婆平卧在床上或者坐在较宽大的椅子上，放松身体，然后给她按摩一下双腿或是读一段优美的诗歌，当感觉到有胎动时，准爸爸将双手手指放在老婆的腹部，以从上到下、从左到右的顺序轻轻触摸胎儿。

抚摸胎教要有规律，每天2~3次，并在固定的时间进行，这样胎儿才能心领神会地配合。

在安静舒适的环境中进行抚摸胎教，保持室内空气新鲜，温度适宜，效果会更佳。另外，老婆情绪不佳时不要进行抚摸胎教。

抚摸时，准爸爸还可跟胎儿说说话，比如今天外面的景色，天气怎样，或者也可以说说自己今天做了什么等，这会让准爸爸的抚摸更加富有爱意，相信胎儿会很喜欢。

第24周

孕妈妈和胎儿身体变化

孕妈妈变化

孕妈妈会觉得自己变得笨拙起来，身体重心前移。可能还会发现原来凹进去的肚脐开始变得向外突出，不要紧，这是正常的，等分娩之后它自然会恢复原样。

很多孕妈妈这个时期还会出现牙龈出血的现象，这种现象很普遍。这是因为孕激素使牙龈变得肿胀，即使刷牙时动作很轻，也有可能导致出血。不过尽管如此，还是要坚持刷牙，为了避免发生更严重的蛀牙，必须采取措施加以预防，这一点至关重要。

还有一些孕妈妈此时会出现便秘现象，由于子宫增大，压迫周围血管，会导致痔疮的发生。要注意饮食调节，多吃一些润肠通便的食品，如各种粗粮、蔬菜、黑芝麻、香蕉、蜂蜜等。也应该注意适当运动，促进肠蠕动，利于消化。

胎儿变化

胎儿已具备了一定的听力，可以听到说话声和一些音响声。

小手指上长出了娇嫩的指甲。眉毛和眼睑已清晰可辨。

胎儿身长约21厘米，体重约400克。

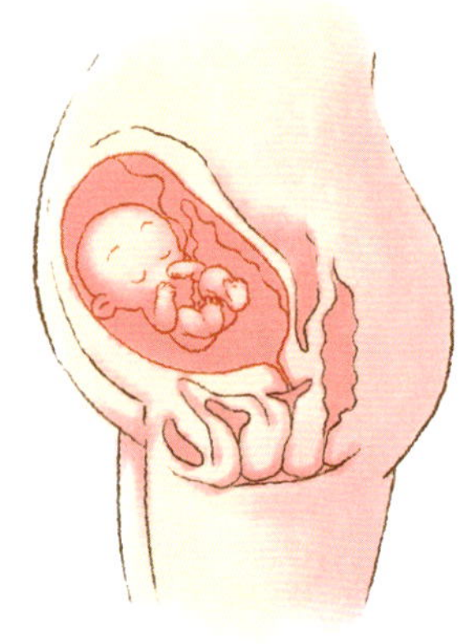

孕妈妈营养与保健

大肚妈妈的省力姿势

孕妈妈的腹部变大后，日常姿势不当就很容易引起全身酸痛，平常一些轻而易举就能做到的动作，现在都是一个很大的挑战，孕妈妈需要掌握一些行动的技巧，充分保证自己与胎儿的安全。

1 站立的姿势。两腿平行，两脚稍微分开，这样可以使身体重心落在两脚中间，不易疲劳。若站立时间较长，则应将两脚一前一后站立，并每隔几分钟就变换两脚前后位置，使体重落在伸出的前腿上，可以减少疲劳。

2 行走的姿势。行走时背要直、头要抬起、臀要紧收，保持身体平衡，稳步行走，不要用脚尖走路，必要时可以用两只手分别顶住自己的后腰，挺起肚子，这样也有助于身体平衡。如果需要的话，可以扶着扶手或栏杆行走，这样就更省力了。

3 坐姿。保持背挺直，背紧贴靠背，椅子的靠背可以支撑腰背部，也可以放一个小靠垫在腰背部，双腿不要交叉，将两脚放在小凳子上，有利于血液循环。

4 下蹲拿放东西的姿势。将放在地上的东西拿起时，注意不要压迫肚子。不要采取不弯膝盖，只倾上身的姿势，那样容易造成腰疼。应该采取屈膝、安全下蹲、单腿跪下的姿势，把要拿的东西紧紧靠住身体，伸直双膝拿起。拿棉被等大件物品时，要蹲下身体压在一条腿上，然后再站起来。

5 睡姿。在妊娠中期以后，由于肚子大起来，采取仰卧的姿势就会感到有点不舒服，这时候，侧卧位比较舒服。当腿脚疲劳或水肿，有静脉曲张时，把叠成两折的坐垫放在腿下，把腿垫高，这样的睡眠效果会更好。

贴心指导

孕妈妈经常伸长上身及胳膊去够取高处的东西时，容易造成腹部用力，不利于子宫中的胎儿。特别是曾在怀孕早期发生过流产的孕妈妈，如果要取高处的东西，最好请准爸爸代劳。

减轻静脉曲张

孕期的静脉曲张表现为腿部、颈部、会阴部浮现蚯蚓般的筋脉，或如蜘蛛网般的紫红色细丝状血管，除了影响美观，轻度静脉曲张一般不会引起任何症状。当其加重时，会使孕妈妈感到发胀、酸痛、麻木和乏力，甚至造成血栓性静脉炎或静脉栓塞等危险情况，因此，你在生活中必须多加防护。

静脉曲张产生的原因

1 怀孕时体内激素改变造成血管壁扩张，再加上怀孕时全身血流量会增加，使得原本闭合的静脉瓣膜分开，造成静脉血液的逆流。

2 胎儿和增大的子宫压迫骨盆腔静脉和下腔静脉，使得下肢血液回流受阻，造成静脉压升高，曲张的静脉也会越来越明显。

3 家族遗传或孕期体重过重，静脉曲张有家族遗传倾向，体重是静脉曲张的高危因素。

静脉曲张的防护要点

1 尽量避免长期采坐姿、站姿或双腿交叉压迫，每次蹲厕时间不要太长。休息的时候可将双腿抬高，帮助血液回流至心脏。

2 每天进行适度的温和运动，坚持锻炼有助于避免过量脂肪堆积、保持良好的血液循环并强韧血管，慢走、游泳都是不错的选择。

3 控制体重，超重会使静脉曲张更加严重，孕妈妈应使妊娠期的体重增加控制在正常范围，整个孕期体重增加在10~12千克左右。

4 不要穿紧身的衣服，鞋子不可过紧，睡觉时用枕头垫高双腿，以促使静脉血回流。

5 睡觉时尽量左侧躺，避免压迫到腹部下腔静脉，减少双腿静脉的压力。

6 可以在医生指导下，每天起床后，趁静脉曲张和下肢水肿较轻时，穿上合适的医疗级弹性袜来减轻静脉曲张症状，还可避免磕碰等外伤造成的出血及感染。

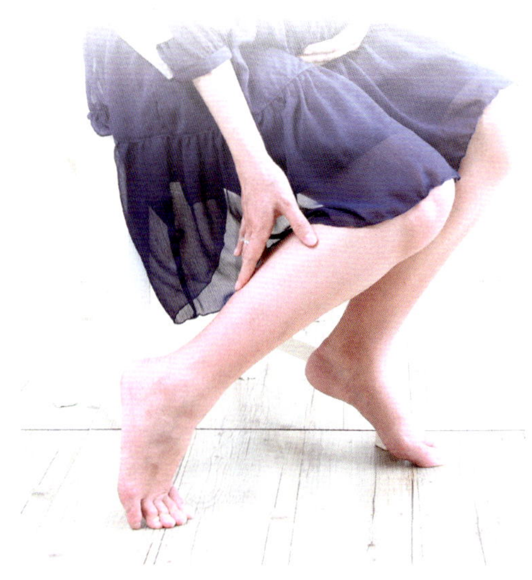

贴心指导

一般情况下静脉曲张会在分娩后自行恢复，孕妈妈若有外阴静脉曲张，应及时就医，因为外阴静脉曲张同时伴有阴道和子宫颈的静脉曲张，胎儿的头经过时可能发生静脉破裂出血。

轻松胎教方案

一周胎教要点

语言胎教，胎儿很喜欢听妈妈的声音，孕妈妈把脍炙人口的宋词和唐诗朗读给胎儿听，一起体会优美的意境吧。

瑜伽胎教：猫式

每当猫儿睡醒了，总会抬头向前伸一个大大的懒腰，“猫式”瑜伽就是模仿猫这个动作而来。它是一个很好、很安全的热身动作，可充分伸展背部和肩膀，改善血液循环，消除酸痛和疲劳，还可使脊椎骨得到适当的伸展，增加灵活性。

猫式要领

1 跪在地上，两膝打开与臀部同一宽度，小腿及脚背紧贴在地上，脚板朝天。俯身向前，挺直腰背，注意大腿与小腿及躯干成直角，令躯干与地面平行。双手手掌按在地上，放在肩膊下面正中位置，手臂应垂直，与地面成直角，同时与肩膊同宽。指尖指向前方。

2 吸气，同时慢慢地将盆骨翘高，腰向下微曲，形成一条弧线。眼望前方，垂下肩膊，保持颈椎与脊椎连成一直线，不要过分把头抬高。

3 呼气，同时慢慢地把背部向上拱起，带动脸向下方，视线望向大腿位置，直至感到背部有伸展的感觉。配合呼吸，重复以上动作6~10次。

4 再一次挺直腰背，同时抬起你的右脚向后蹬直至与背部成水平位置，脚掌蹬直，左手向前方伸展。抬起头，眼望前方，伸展背部，伸直的手和脚与地面保持平行。

贴心指导

做瑜伽时动作不要太快，不要猛力将颈部前后摆动或把腰部向后弯曲，也不要过分伸展颈部，随时调整好呼吸，呼吸应缓慢而平稳，同时注意身体反应，如果觉得疲劳，可提早结束。

音乐胎教：《B小调第一钢琴协奏曲》

俄国作曲家柴可夫斯基一生写过三首钢琴协奏曲，《第一钢琴协奏曲》数最成功的一部曲子。

胎教引语：

《B小调第一钢琴协奏曲》写于1874—1875年，它是柴可夫斯基的早期作品，是最著名和最具有代表性的钢琴协奏曲之一，是真正开朗的情绪和乐观主义的深刻体现，称得上是19世纪俄罗斯钢琴音乐的一个顶峰，也是19世纪欧洲音乐艺术中具有天才的创作之一。

胎教意境：

这首《B小调第一钢琴协奏曲》，以新颖明晰的素材，表达了对光明的向往和对生活的热爱，曲调中充满了青春与温暖的气息。如果反复倾听那些小提琴与钢琴的合奏、有力的和弦、钢琴的伴奏，及生动活泼的快板，就觉得这支乐曲既好像是波涛起伏的大海，又像是和煦扑面的春风，好似灿烂的阳光铺满了生活的大地，真正感受到生活的美好。

乐章两个主题，一个急速有力，充满无尽的表现力，另一个虽然比较平静，但逐渐也转换为胜利的步调，发展成为对生活的狂喜赞歌。这两个主题互相对比，互相补充，共同表达这终曲的明朗而乐观的基本思想。最后，尾声的音乐更是高潮迭现，其雄浑的气势，其亢奋的情绪，其辉煌的效果，都是前所未有的。

胎教感言：

1 在利用音乐进行胎教时，最好不要只给胎儿听几首固定的曲子，应该多样化，选曲时应注意到胎动的类型，因为人的个体差异往往在胎儿期就有所显露，胎儿有的淘气，有的调皮，也有一些是老实、文静的。

2 一般来讲，给那些活泼好动的胎儿听一些节奏缓慢、旋律柔和的乐曲，如摇篮曲等；而给那些文静、不爱活动的胎儿听一些轻松活泼、跳跃性强的儿童乐曲、歌曲，如小天鹅舞曲等。如果能和音乐的节奏和表达的内容与胎儿玩耍结合起来，那将对胎儿的生长、发育起到更明显的效果。

3 临近孕晚期，除了可继续听之前听过的乐曲外，还可多听一些安谧、优美、恬静或欢快的乐曲，如《喜洋洋》、《春天来了》、《小夜曲》等，它们对于孕妈妈安缓情绪、调适紧张感是有好处的，能令胎儿顺利产出。

4 由于这时孕妈妈的身体还不是太笨，尚能从事一些家务，所以完全可以边做家务边听音乐。

唐诗胎教：《七步诗》

七步诗

曹植

煮豆燃豆萁，
豆在釜中泣。
本自同根生，
相煎何太急？

胎教引语：

曹植是三国时期魏国著名文人，曹植的兄长曹丕，取代东汉称帝后，忌妒弟弟的才学。有一次，曹丕命令曹植在七步的时间内做一首诗，做不出就杀头，曹植聪明过人，在七步内做了这首诗，曹丕没能得逞。

胎教意境：

《七步诗》是曹植的名篇，这首诗用同根而生的萁和豆来比喻同父共母的兄弟，用萁煎其豆来比喻同胞骨肉的哥哥残害弟弟，生动形象、深入浅出而又巧妙机智地表达了自己的处境，令哥哥无法对自己下手，诗人取譬之妙，用语之巧，而且在刹那间脱口而出，实在令人叹为观止。

这首诗情采并茂，语言精练，用语浅显，意思是：锅里煮着豆子，是想把豆子的残渣过滤出去，留下豆子汁来做成糊状食物。豆茎在锅下燃烧，豆子在锅里哭泣。你我本来是同条根上生出来的，你又怎能这样急迫地煎熬我呢？

胎教感言：

曹植很有才华，精通天文地理，他虽无意于争夺皇位，但是嫉妒却是一把利剑，纵使兄弟情谊也难挡。人心需要自己去调控和约束，如果放任嫉妒作祟，必然容不下别人的好，结局不但是伤人，自己也得不到宽慰，反而令人反感。

准爸爸不可缺席

拍下难忘瞬间

现在一般每个家庭都是只有一个孩子，老婆的孕育生产过程也只有一次，如果准爸爸用相机记录下一个个美丽瞬间，以后做成小册子送给妻子，一定是一份很有意义、很令人难忘的礼物。妻子小腹是怎么一天天隆起来的？在这个孕育过程中，妻子的发型变了吗？从前的丽人可能现在每天都素颜，你拍下来了吗？带她去公园看看花田，带她去湖上泛泛舟，把她幸福的微笑记录下来。你做了什么美味大餐让老婆食欲大增？拍下她大快朵颐的样子吧，以后你可以邀功喽！睡梦中的容颜、体重计上的数字、看育儿书籍时的认真、工作时的专注、听你讲笑话时的大笑，都是你绝好的素材。快拿起相机，准备把老婆感动得稀里哗啦吧！

第7个月

我会做梦了

孕妈妈子宫底的高度已达到21~24厘米，高过肚脐，增大的子宫压迫盆腔，便秘、长痔疮的孕妈妈增加了，挺着大肚子走路常觉得腰酸背痛。由于腹部皮肤的伸展，导致皮下组织及弹性纤维断裂，出现妊娠纹。

第25周 孕妈妈和胎儿身体变化

孕妈妈变化

此时孕妈妈会发现肚子上、乳房上出现了一些暗红色的细纹，好像皮肤被撑裂了似的，这就是妊娠纹。即使用护肤霜涂抹也不会使之消失，可以选用合适的乳罩来托护乳房，使乳房上的妊娠纹尽量减少。从肚脐到下腹部的竖向条纹也越加明显，不必担心，产后这些妊娠纹会逐渐变淡甚至消失。

此时孕妈妈可能会感到有些疲惫，由于胎儿的增大，腹部越来越沉重，为保持平衡，需要腰部肌肉持续向后用力，腰腿痛因而更加明显。也有些孕妈妈这时会感到眼睛不适，怕光、发干、发涩，这是比较典型的孕期反应，可以使用一些消除眼部疲劳、保持眼睛湿润的保健眼药水，以缓解不适。

胎儿变化

胎儿嘴唇、眉毛、眼睑已各就各位，视网膜已形成，具备了微弱的视觉。胎儿长约为23厘米，体重约500克。

孕妈妈营养与保健

防治尿路感染

孕期，孕妈妈的泌尿系统管壁的肌肉会变得肥厚扩张，蠕动减弱，子宫增大又对盆腔内的输尿管和膀胱产生压迫和推移，加上尿液中营养物质增加，有利于细菌滋生和繁殖，因此比较容易发生尿路感染。

尿路感染的初期症状可能有尿频、尿急、尿痛，有时还有血尿等症状，如果不注意防治，就会产生寒战、高热、腰痛等中毒症状，甚至造成胎儿早产。

因此你要注意防治尿路感染，关键在于做好日常生活中的卫生细节。

1 养成多喝水的习惯。喝水多，排尿就多，尿液可以不断冲刷泌尿道，使细菌不易生长繁殖。保持大便通畅，以减少对输尿管的压迫。

2 注意外阴部清洁，每次排尿后必须擦干外阴部残留的尿液，否则细菌很容易繁殖。无论大小便，都要用温水从前向后冲洗阴部，然后用煮沸过的干净毛巾从前向后擦干净。

3 睡前、便后要用温水清洗下身，清洗顺序应先洗外生殖器，后洗肛门，避免交叉感染，毛巾、水盆、脚布应分开，洗脚与洗外阴的毛巾也应分开。

4 每天换内裤，内裤要用纯棉制品，煮沸消毒，经日光曝晒最好。裤子要宽松，太紧的裤子会束压外阴部，使得细菌容易侵入尿道。

5 睡觉时应采取侧卧位，以减轻对输尿管的压迫，使尿流通畅，而且对增加胎儿血液供应量也有益。

6 不要憋尿，过度憋尿会造成尿液浓缩而刺激膀胱黏膜，导致发病。

7 有尿路感染病史的孕妈妈，孕期最好避免性生活，如果进行性生活，双方应先用温水清洗下身，事后孕妈妈应排空膀胱，可起到冲洗尿道、减少感染的作用。

8 多吃新鲜水果和果汁饮料，少吃葱、韭菜、蒜、胡椒、生姜等辛辣刺激性食物，减少对尿路的刺激。

9 平时要注意劳逸结合，多休息，过度劳累或病后休息不好会导致感染复发和转变为慢性。

10 定期去医院进行尿常规检查，即使未出现尿路感染症状，也应配合医生每半个月到一个月检查一次，以便及时发现尿液改变，获得治疗，患病后一定要及时去医院诊治，切勿拖延以待自愈。

预防尿路感染的食疗方：绿豆芽500克洗净，绞成汁，白糖适量调味饮服，分3次服，连服3~5天。

需使用腹带的情况

孕妈妈用托腹带可以将增大的腹部从下腹部微微托起，一定程度上能缓解腰部压力，阻止子宫下垂，保护胎位，让胎儿顺利入盆。但如果腹壁肌肉较结实，腰酸背痛也较轻，就没有必要用。

有以下情况的孕妈妈最好用托腹带

有过生育史，腹壁非常松弛，成为悬垂腹的孕妈妈。

腹部被撑得很薄，颜色发紫，感觉腹部皮肤发麻、发木的孕妈妈。

多胎妊娠、胎儿过大，站立时腹壁下垂比较剧烈的孕妈妈。

腰酸背痛，以及由于韧带拉长而致骨盆痛的孕妈妈。

胎位为臀位，经医生做外倒转术转为头位后，为防止胎儿再次回到原来的臀位，可以用托腹带来限制。

总之，用不用托腹带要听从医生嘱咐，医生如果认为没有必要用就不用。第一次用的时候，需要医生从旁指导，孕妈妈和家人要认真学习。

托腹带的选择和使用方法

托腹带品牌较多，无论哪个品牌，选择时都需要考虑以下几个方面：

面料要舒适透气，里料最好是纯棉质材料，没有闷热感，也不会使皮肤过敏。

长度可调节，能够随着腹部的增大而不断调整。

弹性要好，不太硬也不太软。太硬的托腹带如果绑得松起不了作用，绑得紧又感觉不舒服。

方便穿脱。可以采用粘扣式，使用方便，还不硌。

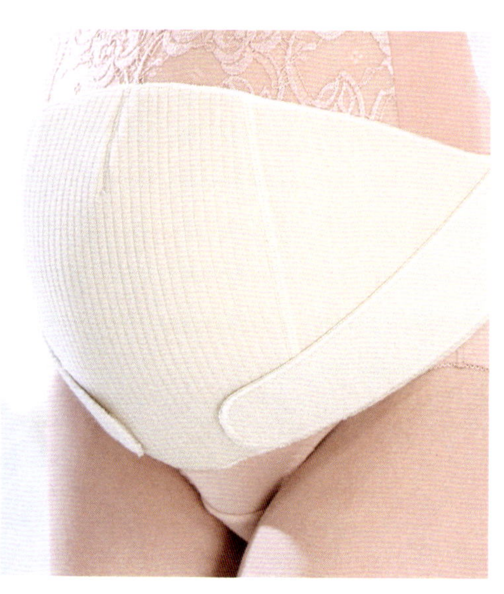

贴心指导

孕妈妈选择托腹带也是有讲究的，要弹性较强，能够从下腹部微微倾斜地托起增大的腹部，以阻止腹部下垂，并减轻孕妈妈的腰部压力；同时，长度要能够随腹部的增大而调整，方便拆下及穿戴，透气性强，没有闷热感。为了不影响胎儿的正常发育，托腹带不可包得过紧，晚上睡觉时应该解开。

轻松胎教方案

一周胎教要点

音乐胎教，孕妈妈要欣赏优美的乐曲，使自己保持心情愉快，情绪稳定，同时要注意营养均衡，控制体重增长速度。

营养胎教：丝瓜鲢鱼汤

材料：丝瓜200克、鲢鱼500克、精盐、料酒、葱、姜片、白糖、胡椒粉、植物油各适量。

做法：

1 鲢鱼治净，切段；将丝瓜去皮，切条。

2 将鲢鱼放入锅中，加适量清水，加入料酒、精盐、葱、姜片、白糖、植物油，上火煮至鱼烂熟时，再加入丝瓜条煮片刻，用胡椒粉调味即可。

健康小贴士：利水消肿，促进胎儿发育。

诗歌胎教：《乘着歌声的翅膀》

乘着歌声的翅膀/心爱着的人/我带你飞翔/
向着恒河的原野/那里有最美的地方
一座红花盛开的花园/笼罩着寂静的月光/莲
花在那儿等待/它们亲密的姑娘
紫罗兰轻笑调情/抬头向星星仰望/玫瑰花把
芬芳的童话/偷偷地在耳边谈讲
跳过来暗地里倾听/是善良聪颖的羚羊/在远
的地方喧闹着/圣洁的河水的波浪
我们要在那里躺下/在那棕榈树的下边/吸饮
着爱情和寂静/沉入幸福的梦幻

胎教引语：

海涅的“乘着歌声的翅膀”大约写于1822年，表达了诗人对爱情的美好向往。

胎教意境：

细细品味这首诗歌，仿佛可以闻到紫罗兰、玫瑰、莲花的芳香，看到恒河清澈的水波、碧绿的棕榈、月光下的花园，还有那善良的羚羊、心爱的人……这一切都融入歌声里、梦幻中，把人们带到了恬静、纯净、充满诗意的东方。

迷人的异国情调就像一层轻柔的淡雾，飘逸在诗人所创造的这个神奇的世界里，而且全诗的色调透着一股秀气，像是怕着色太浓而破坏了这和谐里透着的温馨和甜蜜的气氛。诗人这种素雅、宁静的意境里透着的憧憬的甜蜜，流溢着诗人满腔的衷情，而将莲花、紫罗兰拟人化，又给这首诗增添了不少灵气。

胎教感言：

诗人展开想象的翅膀，畅想印度恒河原野的迷人景色，用淡淡的近乎水彩的笔墨，把这个恬静的天地描绘了出来，孕妈妈在阅读诗歌时，也需要凭借自己的想象去还原诗人的文字，美妙的艺术感及审美能力的提升则潜藏于一次又一次的想象中，令胎儿受益无穷。

运动胎教：拉梅兹分娩呼吸法

拉梅兹分娩呼吸法是减缓生产时的疼痛、加速产程进展的好方法，有助于轻松顺利地生产，孕妈妈应提前几个月进行练习，这样可以更加熟练地运用。

拉梅兹分娩呼吸法的原理

拉梅兹分娩呼吸法是通过对神经肌肉控制、产前体操及呼吸技巧训练的学习过程，有效地让产妇在分娩时将注意力集中在对自己的呼吸控制上，从而转移疼痛，适度放松肌肉，能够充满信心地在分娩过程发生产痛时保持镇定，以达到加快产程并让婴儿顺利出生的目的。

练习拉梅兹分娩呼吸法的准备

盘腿坐在地毯或床上，室内播放一些优美的音乐，在音乐声中，你应首先让自己的身体完全放松，眼睛注视着同一点。除了自行练习之外，也可以准爸爸在旁陪伴，一同练习，这样可为你打气，增强信心。

拉梅兹呼吸法的步骤

名称	何时操作	怎样操作
深呼吸	每种呼吸的开始和结束	由鼻子深吸一口气，口呼
胸部呼吸	分娩开始时； 子宫颈开0~3厘米； 子宫收缩5~20分钟一次； 每次收缩30~60秒	随着子宫收缩就开始鼻子吸气、口吐气，反复进行，直到阵痛停止才恢复正常呼吸
嘻嘻轻浅呼吸	子宫颈开3~7厘米； 子宫收缩2~4分钟一次； 每次收缩40~50秒	用嘴吸入一小口空气，保持轻浅呼吸，让吸入及吐出的气量相等，呼吸完全用嘴呼吸，保持呼吸高位在喉咙，就像发出“嘻嘻”的声音
喘息呼吸	子宫颈开7~10厘米； 子宫收缩60~90秒一次； 每次收缩30~90秒	先将空气排出后，深吸一口气，接着快速做4~6次的短呼气，感觉就像在吹气球，比嘻嘻轻浅式呼吸还要更浅
哈气呼吸	阵痛开始	先深吸一口气，接着短而有力地哈气，如浅吐1、2、3、4，接着大大地吐出所有的“气”，就像在吹一样很费劲的东西
用力推	子宫颈全开	下巴前缩，略抬头，用力使肺部的空气压向下腹部，完全放松骨盆肌肉。需要换气时，保持原有姿势，马上把气呼出，同时马上吸满一口气，继续憋气和用力，直到宝宝娩出
哈气运动	头出来了	不可用力，用口哈气

练习拉梅兹呼吸法的诀窍

1 子宫收缩初期：先规律地用4个“嘻”、1个“呼”的呼吸方式。

2 子宫收缩渐渐达到高峰时：以大约1秒1个“呼”的呼吸方式。

3 子宫收缩逐渐减弱时：恢复使用4个“嘻”、1个“呼”的呼吸方式。

4 子宫收缩结束时：做一次胸部呼吸，由鼻子吸气，再由嘴巴吐气。

如果你现在总感到子宫收缩频繁，每小时达到4~5次，并有轻微的腹痛感，应立即去医院检查，及时保胎。

准爸爸不可缺席

给孕妈妈做按摩

准爸爸可在晚间为老婆轻轻按摩，通过按压的动作，不但可以促进血液循环，减少不适感觉，舒缓压力，增强抵抗力，还有助于松弛神经，让老婆酣睡入梦。此外，准爸爸体贴温柔的按摩，可以让老婆感受到对她的关爱，从而使依赖的心理得到满足，还可以改善由于不适而引起的焦虑情绪。

准爸爸的按摩方法

腿部按摩：促进血液循环。把双手放在大腿的内外侧，一边按压一边从臀部向脚踝处进行按摩，将手掌紧贴在小腿上，从跟腱起沿着小腿后侧按摩，直到膝盖以上10厘米处，反复多次，可消除水肿，预防小腿抽筋。

胸部按摩：从腋下以乳晕为中心聚拢胸部，然后向中央聚拢胸部，反复6次以上。可促进乳腺分泌，预防产后乳疮。

腰背按摩：用手掌掌根或拳面放在老婆后背脊柱两侧肌肉，做轻快的、柔和的回旋运动，注意手要按住肌肉施加一定压力，不要在皮肤上摩擦。在一固定点按揉数十秒后将手向下移一手掌宽，再重复此操作，直至按揉到臀部以上。如此可以缓解老婆的腰背疼痛。

头部按摩：用双手轻轻按摩头和脑后，3~5次。用手掌轻按太阳穴，3~5次，可缓解头痛，松弛神经。

第26周

孕妈妈和胎儿身体变化

孕妈妈变化

这时孕妈妈可能会觉得心神不安，睡眠不好，经常做一些记忆清晰的噩梦，这是在怀孕阶段对即将承担的母亲的重任感到忧虑不安的反应。这是正常的，不必为此自责。关键是应该为了胎儿的健康发育保持良好的心境，可以向丈夫或亲友诉说内心感受，他们也许能够帮助孕妈妈放松下来。

这时还应该做一次血液检查，一些孕妈妈会在此时发生孕期糖尿病或贫血症状，应该根据医生的建议进行防治。

胎儿变化

胎儿的呼吸系统也正在发育。

还在不断地吞咽羊水，把含有杂质的羊水喝下去，经过肠胃，把杂质过滤掉，再到小小的肾里又一次过滤，干净后，通过尿排出体外，而将杂质贮存在肠子里，出生后，以第一次胎便形式排出去。

已形成听力。

出现哭泣的脸，哭泣有助于肺部、脸部肌肉和声带的发育。

胎儿身长约27厘米，体重约650克。

孕妈妈营养与保健

解救孕期痔疮

逐渐膨大的子宫会慢慢影响盆腔内静脉血液的回流，使得孕妈妈肛门周围的静脉丛发生瘀血、凸出，从而形成痔疮，也可以看作是静脉曲张的一种。

五成以上的孕妈妈在孕期会受到痔疮干扰，痔疮早期症状是便中带有血迹，有痒及发胀感，甚至引起头昏、气短、乏力、精神不佳等贫血症状。

如果你在孕期得了痔疮，也不用过于惊慌，一般分娩后可不治自消，即使需要手术治疗，也要等到生育之后再做。

为了避免痔疮随着孕期而加重，建议你从以下几个方面来进行改善：

养成良好的饮食习惯

1 平时注意多饮水，最好喝些淡盐水或蜂蜜水，晨起后空腹喝一杯500毫升的淡盐水有助于排便。

2 多吃新鲜蔬菜水果，尤其应注意多吃些富含粗纤维的食物，如韭菜、芹菜、青菜，以利大便通畅，也要多吃些粗粮，如玉米、地瓜、小米等。

3 注意不吃或少吃辛辣刺激性的食物和调味品，如辣椒、胡椒、姜、蒜等。

养成良好的排便习惯

1 排便时间要相对固定，一般可定在某一次进餐后。排便习惯一旦形成后，不要轻易改变，到排便的时间，即使无便意也要坚持如厕。

2 每次蹲厕所时间一般不要超过10分钟，如果一次排不出来，可起来休息一会儿再去。千万不要蹲在厕所里看书、看报，反而增加腹压和肛门周围血流的压力，导致痔疮或加重痔疮。

3 有排便感时不要忍着，排便后，最好能用温水坐浴，以促进肛门局部血液循环，有便秘时应积极治疗。

适度运动

1 应防止久坐不动，尤其是不要长时间坐沙发，因为沙发质地软，久坐会加剧你的瘀血程度，造成血液回流困难，诱发痔疮或加重痔疮。

2 提倡适当的户外活动，适量的体力活动可增强体质，促进肠蠕动而增加食欲，防止便秘，慢走、游泳都很好。

做肛门保健

1 经常做肛门按摩来改善局部的血液循环，方法是排便后先用温水清洗局部，再用热毛巾按压肛门，按顺时针和逆时针方向各按摩15次。

2 每日早晚可做两次提肛运动，方法是做忍大便的动作，将肛门括约肌往上提，同时吸气内收肚脐，然后放松肛门括约肌，呼气，一切复原，反复做15~30次，这样有利于增强盆底肌肉的力量和肛门周围的血液循环，有利于排便和预防痔疮。

孕晚期运动要小心

孕晚期，你不适宜再做活动量大的运动了，因为这时胎儿已经长得很大了，子宫过度膨胀，宫腔内压力较高，动作过大会影响胎盘血液供给，还有可能导致早产等问题。

这个时候，孕妈妈的背部及腰部的肌肉常处在紧张的状态，容易腰背疼痛，因此，孕晚期运动一定要注意安全，千万不要过于疲劳，应以舒展和活动筋骨为主，运动应缓，可以做一些简单的伸展运动。

1 可以选择散步或者一些简单的运动，微微出汗即可，不能让自己感觉到累或者吃力。

2 可以在医生的指导下选择一些适合分娩的瑜伽姿势来练习。

3 如果你一直练习孕期体操，到孕晚期也可以继续坚持练习，但是动作难度不能大。

4 还可以进行一些棋类活动，能够起到安定心神的作用。

贴心指导

孕晚期运动时应注意幅度不要过大，特别是要注意脚的行动，上下楼梯时要一蹬一蹬地踩实了再走。

轻松胎教方案

一周胎教要点

语言胎教，继续给胎儿讲好听的故事吧，讲故事时孕妈妈也要置身于故事中，体会故事中角色的情绪，传达给胎儿。

儿歌胎教：《小鸭子》

我们这里养了一群小鸭子
我每天早晨赶着它们到池塘去
小鸭子向着我“嘎嘎嘎”地叫
再见吧，小鸭子，我要上学了
再见吧，小鸭子，我要上学了
我们这里养了一群小鸭子
我每天放学赶着它们到棚里去
小鸭子向着我“嘎嘎嘎”地叫
睡觉吧，小鸭子，太阳下山了
睡觉吧，小鸭子，太阳下山了

胎教引语：

《小鸭子》是作者潘振声与一个放鸭子的小男孩一边说笑一边玩而“玩”出来的，他被放鸭娃的快乐感染，情动于衷，一个晚上连词带曲便把《小鸭子》写了出来。

胎教意境：

这首儿歌《小鸭子》中充盈着天真和童趣，曲调欢乐优美，能让你和胎儿感觉“情不尽，曲不止”。这也是一首适宜角色扮演的儿歌，可以和准爸爸一起来唱，还可以你和胎儿唱歌，让准爸爸扮演歌中的小鸭子，快乐一定是加倍的。

潘振声一生创作了大量儿童歌曲，主要作品有《小鸭子》、《我在马路边捡到一分钱》、《好妈妈》、《春天在哪里》等，被人们誉为当代“儿歌大王”。他说：“我的歌中有孩子，孩子的歌中也有我；我们在一起玩，他们长大了，我变年轻了！”

胎教感言：

相信对一个小生命的期待一定让你快乐无比，人很容易想起过往的快乐，妈妈的一个吻，爸爸温柔的一抱，以及陪伴着你长大的艺术作品，包括儿歌、电影、音乐等，常常重温它们会让孕妈妈迅速找到快乐幸福的感觉。

好书推荐：《我的动物朋友》

《我的动物朋友》是一套少儿丛书，这套丛书是专为3岁以上的小读者策划的，配有注音，小学低年级可以自主阅读，甚至小学中年级的孩子都可以当作动物百科来读，孕妈妈读来也有耳目一新的视觉享受，这样的书甚至可以留给孩子出生后阅读。

胎教引语：

孩子天生喜欢动物，要把关于动物的大量知识告诉他们，不是一件容易的事，但通过有趣的游戏和故事却可以做到。

胎教意境：

这一套书介绍了20种动物，土拨鼠、长颈鹿、大象、狮子、老鼠、猫、鸭子、兔子，孩子们在生活中能够见到、在书中能够读到的动物几乎都有了。

这些书以故事为主，讲一个小动物朋友某一天某一次的冒险经历，它们有时会遇上一个新朋友，两个小朋友在一起玩得很开心，有时也会遇上意外，但这一点也没有影响到它们的冒险之旅。

书中穿插了很多漫画，言简意赅地介绍各种小动物的习性，这些漫画妙趣横生，让人读来忍俊不禁。书中还配有迷宫图，问了很多问题，答对了才能前进，可以帮助小朋友回忆刚刚“学”过的知识点，设计得十分巧妙。

虽然这套书是为少儿策划的，但任何一个年龄层次的读者，都能够轻松愉快地完成每一本小书的阅读旅程。

孕妈妈每天为胎儿读一部分内容，久而久之，胎儿会有印象，出生后能喜欢上阅读与探索。

胎教感言：

孩子最需要的，是给他一把开启知识宝库的钥匙，一旦他学会了如何有效地去摄取信息、如何去探求事物的奥妙，那么，科学的大门就会魔幻般地在他眼前洞开。

孕妈妈做手工：自制宝宝帽

宝宝出生后需要注意保暖，带宝宝出门时戴上一顶帽子，这样可以有效防止宝宝受凉感冒，也能避免不良环境对胎儿头部皮肤造成污染。

胎教引语：

孕妈妈可以自制一个小婴儿帽，既能锻炼自己，又可为宝宝准备好一件饰物，一举数得。

胎教意境：

材料：2片柔软、稍有弹性的针织布，尺寸为38厘米×21厘米，适合0~3个月的宝宝。

步骤：

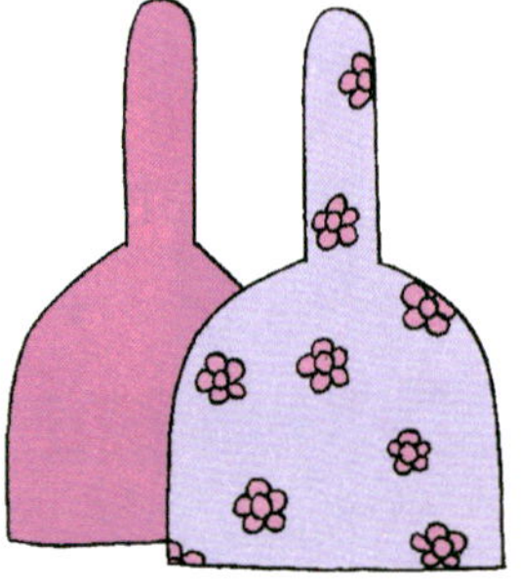

1 将2片布料按图中所示裁剪。

2 取一片布料，正面朝上，下端向上翻折1厘米，然后再向上翻折3厘米，在距翻折边的上缘0.2厘米处从一端缝合至另一端，另一片布料按同样方法缝制。

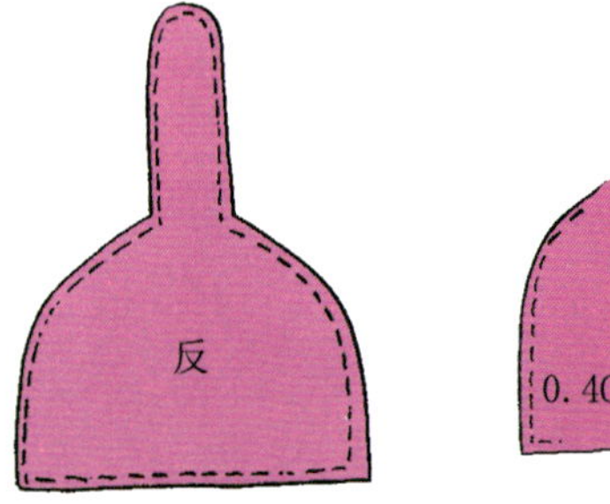

3 将两片处理好的布料正面相对，并用珠针固定，在距离边缘0.4厘米处缝合帽子外延一周。

4 将帽子的正面翻折出来，再揪个小揪，帽子就完工了。

胎教感言：

孕期手部的精细动作能让孕妈妈心情平静，还可以促进宝宝的大脑发育，是很好的胎教过程。

妈妈动动脑：他们该怎么喝

有四人喝酒，一共2瓶，每瓶酒400毫升，只有一个150毫升的杯子。要求每人喝200毫升酒，怎么喝？孕妈妈开动脑筋想一想吧。

答案：

设：A、B为两个瓶子，C为杯子，d、e、f、g四人。

1 先倒A瓶150毫升到酒杯给d喝；然后再倒150毫升到酒杯，此时第一瓶剩100毫升给e喝；

2 把酒杯的150毫升倒回A瓶，倒B瓶150毫升到酒杯，再从酒杯倒A瓶，再倒B瓶150毫升到酒杯，继续把酒杯的倒往A瓶。此时，因为第一瓶已有300毫升，所以酒杯只有100毫升进入第一瓶，酒杯里还剩50毫升给f喝。

3 现在的情况是A瓶400毫升酒，B瓶剩余100毫升酒。倒A瓶150毫升到酒杯，倒B瓶剩余的100毫升到A瓶，把酒杯的150毫升倒B瓶，再倒A瓶150毫升到酒杯，这样，A瓶就剩余200毫升，这200毫升不要急于喝。

4 再把酒杯的150毫升倒B瓶，再倒A瓶150毫升到酒杯，这样A瓶剩酒50毫升，给d喝。

5 现在，d已经喝到了200毫升酒，e喝了100毫升，f喝了50毫升，g还没有喝酒；B瓶还剩下300毫升酒，酒杯还剩下150毫升。

6 将酒杯的酒倒入B瓶，倒满时酒杯剩下50毫升酒给g喝。

7 再倒两杯酒给f、g每人一杯，剩下的给e喝，就每人喝到了200毫升酒。

准爸爸不可缺席

少打游戏多陪聊

有的孕妈妈月份大了就请来了一方的老人过来照顾。老人来了，生活起居有人照顾了，洗衣拖地、做饭刷碗都由老人代劳了。准爸爸极容易成了甩手掌柜。孕妈妈的关注重心也有所转移，过多地关注胎儿的情况，对老公的关心可能少了。准爸爸失落之余也容易沉浸到自己的世界中去，下班打打游戏消磨时间。打网络游戏费时上瘾，当老婆需要你陪时你还在厮杀中难以抽身，难免让老婆失望难过。即使有老人帮忙，准爸爸也是不可替代的，不要把什么都交给老人，毕竟你才是老婆最需要的人，你才是最能给她安全感和安慰的人。多陪老婆聊聊天吧，及时发现她的情绪变化，并加以疏解安慰，做个细心贴心的人。

第27周

孕妈妈和胎儿身体变化

孕妈妈变化

由于肠蠕动减慢，直肠周围受压，不少孕妈妈出现便秘现象。有些孕妈妈在这时会发现乳房偶尔分泌出少量乳汁，这是正常的。这时应该开始做乳房的护理，佩戴合适乳罩，每天坚持擦洗乳头，为今后的母乳喂养做好准备。

胎儿变化

胎儿舌头上的味蕾正在形成。

大脑细胞迅速增殖分化，体积增大。

皮肤很薄，皮下脂肪很少，全身覆盖一层细细的绒毛，样子像个小老头。

身体比例较为均匀。

胎儿身长约28厘米，体重约700克。

孕妈妈营养与保健

预防胎膜早破

胎膜早破就是通常所说的提前破水，是孕晚期较常见的孕期并发症。

正常情况下只有当宫缩真正开始，宫颈不断扩张，包裹在胎儿和羊水外面的卵膜才会在不断增加的压力下破裂，流出大量羊水，胎儿也将随之降生。

一般来说，胎膜早破的信号是不伴疼痛的阴道流水，常发生于腹压增加或大小便之后，阴道内突然有大量水流出，可湿透内裤，然后时断时续。

提前破水时还未真正开始分娩，而胎膜已破，阴道中的细菌会侵入子宫，给胎儿带来危险，常常会导致早产，还容易引起难产。

胎膜早破的原因

1 性生活。妊娠晚期的性生活是引起胎膜早破的重要原因，应引起注意。

2 生殖道炎症。阴道炎、宫颈炎容易引起胎膜感染，导致胎膜破裂。

3 胎位不正。多胎、羊水过多时，由于羊膜腔内压力过高，容易发生胎膜早破，臀位、横位及头盆不称时，可因羊膜腔内压力不均而发生胎膜早破。

4 营养不合理。缺乏维生素C、铜、锌等可使胎膜变脆，缺乏弹性，容易引发胎膜早破。

5 剧烈咳嗽、便秘及提拿较重物体等因素，也可导致腹压骤增，也易促使胎膜早破。

胎膜早破预防及应对

1 孕妈妈应按时进行产前检查，及时诊治阴道炎，纠正胎位并注意孕期保健和孕期卫生，避免发生霉菌性阴道炎和其他妇科炎症，以防胎膜早破。

2 注意保持膳食的平衡，保证充足的维生素C和维生素D的摄入，保持胎膜的韧度。

3 怀孕后期(最后一个月) 一定要禁止性生活，避免对子宫的任何压力。

4 避免过度劳累和对腹部的冲撞，如果是多胞胎，要多卧床休息。

5 怀孕期间如果分泌物比较多，有感染的现象，应该及时到医院就诊，接受治疗。

6 一旦发现有阴道流水，立即就地尽可能平卧，再抬送医院，以防脐带脱垂及羊水流净，经医生确诊后，应坚持平卧，会阴部放置消毒巾，尽量少做肛查和阴道检查，以减少感染机会。

7 一旦确诊胎膜早破，要马上住院待产，严密观察胎心，如有异常，应立即采取措施。胎膜早破超过12小时的孕妈妈，在此期间可出现有规律的子宫收缩，临产，且大多数能顺利分娩，如超过24小时仍未临产，需考虑用催产素引产。

轻松入眠建议

很多孕妈妈在孕初期睡眠较好，这是因为她们要孕育和保护胎儿而感觉疲劳。随着胎龄的增加，胎儿体积变大，孕妈妈腹部逐渐隆起，处于孕晚期的孕妈妈睡觉时就难以找到一个合适的姿势。

1 尽量避免饮用含咖啡因的饮料，如汽水、咖啡、茶，如果实在想喝，也请在早晨或下午午睡后饮用。

2 临睡前不要喝过多的水或汤，有的孕妈妈发现早饭和午饭多吃点，晚饭少吃，有利于睡眠。

3 养成有规律的睡眠习惯，晚上在同一时间睡眠，早晨在同一时间起床。不要躺在床上干家务，除了睡觉和休闲看书躺在床上以外，其余时间尽量不要留恋床铺。

4 睡觉前不要做剧烈运动。应该放松一下神经，比如泡15分钟的温水澡，喝一杯热的、不含咖啡因的饮料（加了蜂蜜的牛奶等）。

5 如果由于腿抽筋使你从睡梦中醒来，请用力将脚蹬到墙上或下床站立片刻，这会有助于缓解抽筋。当然还要保证膳食中有足够的钙。

6 参加瑜伽学习班，学习一些心情放松的办法。

7 如果恐惧和焦虑使你不能入睡，就要考虑参加分娩学习班或新父母学习班。

如果你辗转反侧不能入睡，请做如下事情：看书、听音乐、看电视、上网、阅读信件或电子邮件。经过这么一折腾，你也许会感觉疲劳而容易入睡了。假如可能的话，午间睡上30~60分钟，以弥补晚上失眠所造成的睡眠不足。

轻松胎教方案

一周胎教要点

运动胎教，孕妈妈要练习书中介绍的呼吸法，做一做瑜伽，为分娩做好准备。

营养胎教：鸡蛋

鸡蛋是你在怀孕期间不可缺少的理想食品，它含有丰富的蛋白质、碳水化合物、纤维素、微量元素以及卵黄素、卵磷脂、胆碱等多种营养成分，对胎儿的神经系统和身体发育有利，同时还能益智健脑、改善记忆力、促进肝细胞再生，有利于胎儿出生后更加聪明伶俐。

美食推荐：虾仁蛋羹

材料：鸡蛋200克、鲜虾仁500克、酱油、精盐

做法：

1 将鸡蛋磕入碗内打散，加入精盐、酱油、水搅匀。

2 将鲜虾仁洗净切片，放入带盖的蒸碗中，倒入蛋液，入蒸锅蒸8分钟，关火后再闷2分钟，出锅即成。

健康小贴士：含有多种维生素及矿物质。

更多美食选择：西红柿鸡蛋面、紫菜炒鸡蛋、鸡蛋羹。

小窍门：

1 就营养的吸收和消化率来看，煮鸡蛋最佳，鸡蛋正确的煮法是，冷水下锅，慢火升温，沸腾后小火煮2分钟，停火后再浸泡5分钟，这样煮出来的鸡蛋蛋清嫩，蛋黄凝固又不老。

2 买回来的鸡蛋放入冰箱时要大头朝上，小头在下，这样可使蛋黄上浮后贴在气室下面，可防止微生物侵入蛋黄，有利于保证蛋品质量。

3 蛋壳脏了不要清洗，清洗会破坏鸡蛋原有的外蛋壳膜，使细菌和微生物畅通进入蛋内，加速鸡蛋变质，可以用保鲜袋或膜包起来再放。

贴心指导：

鸡蛋虽好，但不宜过量食用，以免增加肾脏的负担，一般来说，每天可吃2~3个鸡蛋，不宜再多。

瑜伽胎教：婴儿式

孕中期时，孕妈妈应该有意识地锻炼骨盆部位和髋部，为孕晚期的分娩做好准备，瑜伽体式婴儿式是一种可以帮助伸展髋部和骨盆部位的有效运动。

婴儿式的动作要领

仰卧，双膝屈于胸前。

双膝保持弯曲，向上举起双脚，小腿与地面垂直。

双手握住两脚外侧边缘，两腿膝盖靠近腋窝，尾椎骨贴紧地面。

保持这个姿势，以感觉舒适为限度，然后双脚放回地面，双膝弯曲。

双膝屈于胸前，吸气。

呼气，双膝置于身体右侧并贴地。注意不要向上抬脚。

吸气，双膝回复起始姿势。

呼气，双膝置于身体左侧并贴地。

吸气，回复起始姿势。

身体每侧动作各重复5次。

第五步以后的动作可以减轻练习时髋部所产生的紧张感。

准爸爸不可缺席

陪老婆去摄影馆拍孕期照

怀孕第7个月到第8个月是拍孕期照的最佳时间，不仅孕妈妈的身心均较为稳定，而且胎儿也发育得比较健全了，肚子足够大，拍照效果会比较不错。准爸爸可以趁此机会安排好拍孕期照的事情。

跟客服人员沟通并预定时间，选人少的日子去拍，这样不会久等，提前20天就可以着手了解一些更详细的内容。

由于孕妈妈的抵抗力偏弱，因此化淡妆就好，不要做指甲美容，服装和道具最好不要使用影楼公用的那种，不妨自带。

第28周

孕妈妈和胎儿身体变化

孕妈妈变化

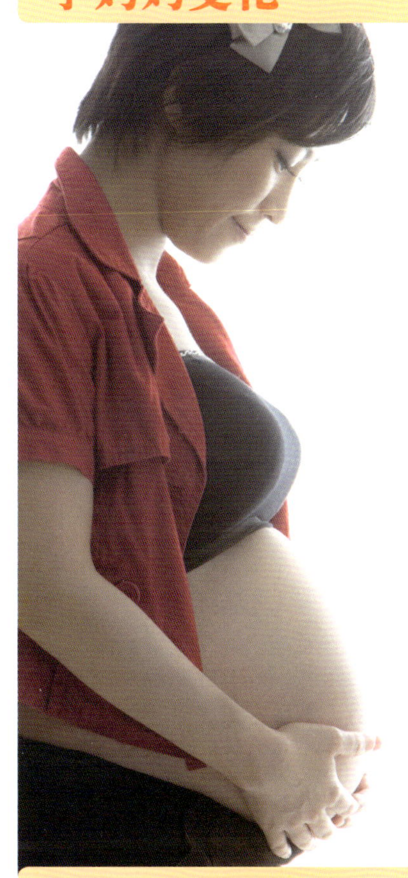

这时胎儿的生长非常迅速，子宫底已上升到肋骨下缘，顶压膈肌，如果孕妈妈以前还感觉不明显，这时就会明显觉得呼吸有些困难。因为腹部沉重，睡觉时平躺的姿势也会觉得有些不舒服了，最好侧卧。

马上就要进入孕晚期了，这时由于腹部迅速增大，孕妈妈会很容易感到疲劳，脚肿、腿肿、痔疮、静脉曲张等都使孕妈妈感到不适。离分娩已经不是很遥远了，如果还没有参加分娩课，那么应该认真了解一下有关的知识了。

胎儿变化

胎儿皮下脂肪开始出现，有了呼吸动作。

大脑有了一定反应。

视觉也有了发展，已能够睁开眼睛，可以看到子宫里的环境。

胎儿身长约30厘米，体重约800克。

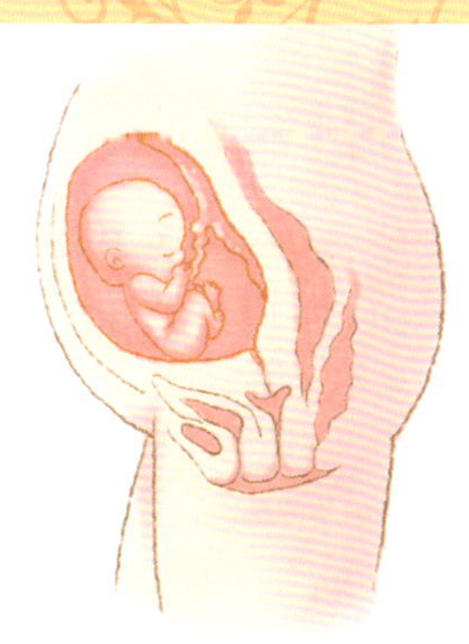

孕妈妈营养与保健

教你数胎动

怀孕28~38周是胎动最频繁的时期，接近足月时则略微减少。建议你自怀孕第7个月开始(孕28周)，每天记录胎动信息，直到分娩，以监测胎儿的健康。

每日记录胎动，是监督胎儿健康的简单、经济又有效的方法，它不仅可及早发现胎儿缺氧或胎盘功能不足的情形，还可减少你因过度紧张而造成的疑虑。一旦发现胎动不正常的情形，可以及时就医，减少了意外事情发生的概率。

怎样计算胎动

1 饭后胎动会比较明显，建议你在早餐或是晚餐后1~2小时计算胎动次数。

2 连续的胎动算作1次，有停顿之后的另一次胎动则算是2次。

3 数胎动时可以坐在椅子上，把双手轻放在腹壁上，静下心来专心体会胎儿的活动，如果不方便用笔记录，可用纽扣或其他物品来计数，胎动一次放一粒纽扣在固定的地方，从胎儿开始活动到停止算一次，其间连续动几下也只算1次。

胎动的正常频率

一天之内，正常的胎动频率和次数，一般是每小时3.5次，12小时胎动约为30~40次。

胎动规律

1 一般清晨胎动最少，下午18点以后增多，晚上20~23点最为活跃。如果孕妈妈有这种类似的情况发生，就表示胎儿已形成自己的睡眠规律，称之为“胎儿生物钟”。

2 胎儿有固定的休息和睡眠时间，这期间不容易感觉到胎动。但时间最长不超过1小时。若胎儿1小时都没有活动，孕妈妈可以吃点东西，或者拍一拍肚子，正常情况下，胎儿会马上恢复胎动。

3 此外，胎动次数还会受到巨大的声音、刺激的强光以及你的健康状况的影响。所以计算胎动的时候，要将这些外在的因素考虑进去。

贴心指导

孕28周以后，胎动的位置多在中上腹部，很少出现在下腹部，如果你的小腹下部经常出现胎动，很可能是胎位不正（多为臀位或横位），要及时纠正，否则可能造成分娩困难。

胎动异常判断

12小时内的平均胎动数10次为最低界限，低于此数值属于胎动异常。

倘若1小时内胎动数少于3次，则应该继续连续记数，记数第二个小时的胎动数。如果仍少于3次，则再继续记数第三个小时的胎动数。如果连续记数6个小时，每个小时的胎动数都少于3次，则视为胎动异常。

如第二次胎动数与前一次胎动数相比，胎动减少了一半，则视为胎动异常。

胎动突然加剧，视为胎动异常。

胎动比平时明显增多，而后又明显减少，则视为胎动异常。

胎动幅度突然明显增大，而后又变得微弱，则视为胎动异常。

孕妈妈对宫内胎儿的直觉是很准确的，如果孕妈妈感觉到胎儿动得有些异样，一定要相信自己，视为胎动异常，及时去看医生。不要存侥幸心理，延误最佳救治时机。

轻松胎教方案

一周胎教要点

音乐胎教，欣赏优美的音乐作品，体会作品中的意境。

营养胎教：虾

虾的营养价值极高，能增强人体的免疫力和性功能，并含有丰富的钙、锌等微量元素，怀孕期间适量多吃虾或虾皮可以补充钙、锌等营养成分，促进胎儿的生长和脑部的发育。虾中含有丰富的镁，镁对心脏活动具有重要的调节作用，有利于预防高血压。

贴心指导：

虾不宜与含有鞣酸的水果，如葡萄、石榴、山楂、柿子等同食，否则会刺激肠胃，引起不适，出现呕吐、头晕、恶心和腹痛腹泻等症状。海鲜与这些水果的食用至少应间隔2小时。如果你对虾过敏，如食用后会身上起包、腹痛、呕吐等，应避免吃虾。

美食推荐：芦笋炒大虾

材料：芦笋250克，明虾500克，蒜蓉、盐、植物油各少许。

做法：

1. 芦笋洗净，切成小段；明虾洗净，去虾线，保留尾部。
2. 锅内放油烧热，放入蒜蓉爆炒，再放入明虾炒至表面颜色由透明转为红色。
3. 加入芦笋、盐，继续炒至芦笋变得翠绿，即成。

更多美食选择：白灼虾、木耳白菜炒大虾、油焖大虾、椒盐大虾。

小窍门：

1. 买虾的时候要选新鲜的虾，新鲜的虾一般头部与身体连接紧密。色发红、身发软的虾一般不新鲜了。
2. 海虾属于寒凉食物，食用时最好和姜、醋等作料搭配，可以中和虾的寒性。

音乐胎教：《月光》

《月光》是法国作曲家德彪西(Claude-Achille Debussy 1862—1918）的钢琴小曲，描绘了月光的美丽与神秘。

胎教引语：

秦时明月汉时关，同样的月光，洒落在同一片人间，也会留下迥然有异的印记。历代描绘月光的音乐作品很多。

最著名的是贝多芬的《月光奏鸣曲》。

肖邦的多首夜曲中也都蕴涵了丰富的月光意象。

阿炳的《二泉映月》，阿炳见不到月光，却能用心灵去感受它。

《月光》虽是德彪西的早期作品，但却是一首流传最广、最令音乐欣赏者们迷恋的钢琴小品。

胎教意境：

从曲子中，我们可以欣赏到美丽的月夜景色，仿佛能看到月光闪烁的皎洁，体会幽暗的月光透过轻轻浮动的云，影影绰绰地洒在平静的水面上的情景，就如同置身于晴朗而幽静的深夜氛围之中，典雅而飘逸。

这种美丽能让你回味无穷，听者的情感和静谧的背景搭配得天衣无缝，这样的美感能静静地感染听者。

诗人余光中曾经这样形容这首作品：

走出树影，走入太阴
走入一阵湍湍的琴音
谁的指隙泻出寒濑?
谁用十根触须在虐待
精致而早熟的，钢琴的灵魂?
弄琴人在想些什么?

胎教感言：

在柔美的月夜里，或者在你想要听音乐的任何时候，都可以闭上眼睛，打开这曲《月光》，让美丽的音符在心里流淌，想象心中的那片月色。

准爸爸不可缺席

精美礼物不可少

精美礼物和甜言蜜语一样重要。准爸爸可不要放过这个重要的也是最佳的表示爱的机会。女人怀孕时是最温柔最善感的时候，这时送礼物的效果可是事半功倍哦。老婆的生日、特殊的纪念日、一切大小节日，均是送礼物的好时机。礼物只是一方面，最重要还是让她知道你心中有她。送给她心仪已久的礼物，搜罗几件她最爱的收藏，买小宝宝属相的玩偶，带一件出差期间当地的特产…… 准爸爸开动脑筋，想一想如何营造属于你们三个人的温馨浪漫吧!

我能感受初升的太阳了

妊娠晚期是一个非常关键的时期。孕妈妈必须时刻注意自己的身体健康，保持有规律的生活，使胎儿在经过10个月安适的母亲体内生活后，顺利地降临人世。孕妈妈在妊娠晚期一般每周增重350克，到妊娠末，胎儿体重3~3.6千克。

孕妈妈在这段时间的变化也非常大。宫底可以在脐耻之间触到，高度24~27厘米，这段时间孕妈妈会感到肚子增大得特快，身子变笨了，轻轻触动子宫时，常可以感到子宫一阵阵变硬，但并不觉得疼痛，这就是过敏性宫缩。这种宫缩是生理性的，对胎儿有一定的好处。

第29周
孕妈妈和胎儿身体变化

孕妈妈变化

孕妈妈这时会觉得肚子偶尔一阵阵地发硬发紧，这是假宫缩，是这个阶段的正常现象。孕妈妈要注意休息，不要走太远的路或长时间站立，更不要使自己的身体过于疲劳。

从这时开始，可能需要每两周做一次体检了，最后一个月还将变成每周做一次体检。为了孕妈妈和胎儿的健康和安全，这是很有必要的。

胎儿变化

胎儿的听觉系统已发育完全，对外界的声音刺激反应也更为明显。

胎儿身长约为32厘米，体重约900克。

孕妈妈营养与保健

妊娠期糖尿病对母婴的影响

妊娠期糖尿病对母婴的健康影响是很大的。

增加孕期并发症。如妊高征的发生率；感染增多，如肾盂肾炎、乳腺炎、伤口感染等。

羊水过多。可造成胎膜早破和早产。

产程延长。可出现产程停滞和产后出血。

剖宫产率增加。

巨大儿发生率增加。使难产、产伤和胎儿死亡率增加。

胎儿畸形率增加。

胎儿宫内发育迟缓。引起胎儿宫内窘迫，使窒息率增加，严重的发生缺血缺氧性脑病，遗留神经系统后遗症。

增加胎儿死亡率。

发生新生儿低血糖。可达50%~70%，低血糖对新生儿脑细胞可造成不可逆转的损害，还可造成低钙血症、呼吸窘迫综合征、心肌病、红细胞增多症、静脉血栓形成。

控制妊娠期糖尿病饮食建议

如果孕妈妈不幸被诊断为妊娠期糖尿病，那一定要定期看营养科，让营养科医生为你量身打造最适合你的营养方案。一般方案上会列出你每日需要摄取多少热量，不同食物的热量表和相互之间的替换表，分餐后每餐需要摄取的热量。要求把每种食物按克数记录下来，以备医生为你诊治做参考。

一般医生会要求孕妈妈每天测量空腹血糖和三餐后两小时血糖及睡前10点的血糖值，并记录下来。要及时复诊，遵从医生的指导。

妊娠期糖尿病人的饮食原则：

食物中避免油炸、煎、熏等方法。饮食宜清淡少油。

汤以素汤为主，少食排骨、骨头汤。

少食多餐，控制甜食、水果及脂肪量高的食品摄入量。

适当参加室外活动，尤其是饭后散步。

贴心指导

孕妈妈为了自己和胎儿的健康，切不可掉以轻心，要牢记自己每天需摄入的食物总量，不可随意增加。要在规定的时间测量血糖值，不可弄虚作假。辛苦的控制和一切的忍耐都是为了孕妈妈和宝宝的健康与安全，你一定会为自己的毅力感到自豪的。

轻松胎教方案

一周胎教要点

语言胎教，给胎儿读读唐诗或宋词，胎儿很喜欢有韵律的声音。

营养胎教：核桃仁烧鸡块

材料：仔鸡1000克、核桃仁200克、料酒、精盐、酱油、姜片、葱段、白糖、淀粉、植物油、鸡汤各适量。

做法：

1 仔鸡洗净，切成块，盛入碗内，加料酒、精盐、淀粉拌匀；核桃仁用热水泡透，剥去外皮。

2 炒锅上火，倒油烧热，放入鸡块滑散，捞出沥油。

3 原锅中留少许底油，油热后倒入鸡块、核桃仁，加入鸡汤、姜片、葱段、白糖、料酒、精盐、酱油，烧至鸡块熟透入味，装盘即可。

运动胎教：简单分娩操

进入孕晚期，你现在每过一天就离分娩近了一天，应该开始做分娩的准备工作了。如果征得医生的允许，那么可以练习一下分娩操，分娩操是为了减轻孕期酸痛、辅助分娩而设计的，简单而且容易坚持。

分娩操的准备

1 根据家里的情况，选择在床上活动，或者是在垫着垫子的地板上进行，只要是足够你伸展身体的安全地方均可。

2 可以准备一些喜欢的音乐在做操时放，边听音乐边做操可以令身心更为放松。

3 要记得做动作时不要太剧烈，以不感到吃力为宜，以免伤到自己。

4 做操前散散步或是在家里走动几圈，以热身，做完后也可慢慢走动，放松身体。

分娩操的做法

1 侧卧开跨。侧卧，双腿重叠，呼气则大腿向外打开，吸气则合拢，重复8~10次。

2 侧卧伸展。侧卧，用手缓缓将大腿向腹部外侧拉近，保持半分钟。换另一侧重复。

3 分腿跪坐。双膝分开，脚尖靠拢，跪坐在一个靠垫上，上身垂直，保持10~30秒（量力而为）。

4 分腿儿童式。跪趴，身体向前匍匐在靠垫上，脊柱和肩膀、手臂都放松，保持半分钟。

5 骨盆摇摆。四肢着地，脊柱放平，轻轻地左右摇摆骨盆，幅度不宜过大，10次为一组，每天做1~2组，注意不要塌腰，如膝盖不适可在膝下垫块毛巾。

6 大腿外展。右腿向前伸直坐在地上，左腿架在右腿上，放松左腿，保持半分钟。换另一侧重复。若是感觉不适，可在两腿间放一个靠垫。

贴心指导 孕晚期是胎儿囤积脂肪、快速生长的时期，你的体重会在这一阶段迅速增加，一不小心，就会超重与营养过剩，为将来的分娩和自己的健康带来风险，所以你需要留心体重，适时调整自己的饮食。

准爸爸不可缺席

化解老婆的担忧

老婆怀孕了，出于对胎儿的担心，情绪更是变幻莫测，有些不良情绪需要准爸爸帮忙消化，做好老婆的出气筒。

老婆情绪变幻无常，经常提些你认为可笑的问题，你认为无须担心的她却忧心忡忡，尤其是临近分娩，老婆的心理已经相当脆弱，有时发脾气、恐惧是再正常不过了。你要仔细体会老婆的潜台词，找出老婆担心的事情，及时安慰。老婆发怒、耍小脾气，可能是说：

“我身体不舒适，又怕流产，对性生活没兴趣，希望你能理解我，并愉快地与我配合。”

“我心绪不佳时，希望你能在我身边，耐心哄我，并多一些时间陪陪我。”

“我生产后可能身材会走样，你还会一如既往地爱我吗？”

“生产会不会有什么意外发生？宝宝和我都能健健康康的吧？”……

这时就需要你多包容妻子，给她更多的关心，让她保持一个好的情绪，这对她和胎儿的健康都有利，对顺利分娩也有好处。

第30周
孕妈妈和胎儿身体变化

孕妈妈变化

孕妈妈会感到身体沉重，肚子大得看不到脚下，行动越来越吃力。呼吸困难，胃部不适。一旦发生不规则宫缩应立刻停下来休息，最好中午能睡个觉。

胎儿变化

胎儿形成了自己的睡眠周期。

大脑皮层表面出现一些特有沟回，脑组织继续快速增殖。

眼睛能睁开也能闭上。

胎儿身长约34厘米，体重约1100克。

孕妈妈营养与保健

重视产前检查

每次产检时，医生都会为孕妈妈测量血压，化验尿蛋白及水肿情况。这是非常重要的，孕妈妈要重视，不要认为可有可无。在正常妊娠女性中，妊高征的发病率是5%~9%，对血压、尿蛋白、水肿的监测就是为了及时发现妊高征。

测量血压时一定要把上臂充分暴露出来，血压袖带放到正确的位置。如果孕妈妈对测量血压不在意，血压值测量不准确，就失去了测量血压的意义。

有的孕妈妈可能认为每次化验尿没有必要，但上次尿检正常不一定说明尿检一直是正常的，如果某一次没有化验尿液，就有遗漏尿检异常的可能而延误妊高征的诊治。

预防早产注意事项

凡在怀孕28周和37周之间终止妊娠者，称作早产，分娩出的新生儿称作早产儿。早产儿需要得到很好的护理和比较高的医疗技术支持，才能健康地成长起来。如果医疗条件差，死亡率还是比较高的。无论如何，早产儿总不如足月儿，早产儿的生命质量也会受到不同程度的威胁。所以孕妈妈不可忽视这个问题，一定要积极预防早产。

调整性生活，不要动怒，洗澡时间不要过长，以免劳累。

保证充足的睡眠和休息，要注意工作强度，不可熬夜。

不要长时间逛街，不要长途旅行。

动作要缓慢，不要突然做大动作，不要尝试没有做过的动作，不要跑。

注意防滑，注意凹凸不平的地面，上下楼时要小心，穿舒适的鞋子。

恶劣天气不要出门。

重视产前检查，遵医嘱，如遇身体不适要及时就医或入院观察。

轻松胎教方案

一周胎教要点

情绪胎教，孕妈妈要多给自己积极的心理暗示，调节好自己的心情。可以欣赏电影或多和家人朋友交流，有紧张的情绪要及时得到疏散，避免焦虑。

电影胎教：《阳光小美女》

中文名：《阳光小美女》，又名《小太阳的愿望》
英文名：Little Miss Sunshine
导演：乔纳森·戴顿 / 维莱莉·法瑞斯
主演：阿比盖尔·布蕾斯琳/托妮·克莱特/格雷戈·金尼尔
影片类型：家庭 / 剧情 / 喜剧
时长：101分钟
语言：英语

胎教引语：

欣赏一部好电影，就如同经历一次生活的洗礼。好的电影就像良师益友，除了给你美的感受,还能教会你很多人生的道理。

胎教意境：

影片讲述了一个糟糕透顶的家庭，每个人的缺点都那样显而易见，在这部温暖的家庭喜剧里，为支持小女儿参加“阳光小美女”的选美比赛，这一家人开始了寻梦之旅，在这条路上，每个人都经历着梦想的碰撞与破灭，最终他们开始了解彼此，信任彼此，这个家庭的温暖一下子就四溢出来。

胎教感言：

这部电影传达给观者的不仅是信任、鼓励和支持，相信你和胎儿都将有这样的感受：输赢并不是生活的全部结果，它的本质应该是亲情的温暖，还有我们置身其中的美好生活。

儿歌胎教：《雪绒花》

雪绒花，雪绒花，
每天清晨迎接我。
小而白，纯又美，
总很高兴遇见我。
雪似的花朵深情开放，
愿永远鲜艳芬芳。
雪绒花，雪绒花，
为我祖国祝福吧。

雪绒花，雪绒花，
每天清晨迎接我。
小而白，纯又美，
总很高兴遇见我。
雪似的花朵深情开放，
愿永远鲜艳芬芳。
雪绒花，雪绒花，
为我祖国祝福吧。

胎教引语：

《雪绒花》是电影《音乐之声》(《The sound of music》）中的插曲，上校一家参加为德国纳粹举行的音乐会，他们决定当夜离开奥地利，前往瑞士。音乐会上，上校弹起吉他，唱起了这首奥地利民歌，哽咽地唱不下去了，玛利亚和孩子们走上去与他一起唱，他们的深情感动了在场的奥地利观众，都激动地与他们合唱了起来。

胎教意境：

雪绒花是奥地利和瑞士的国花，在奥地利，雪绒花象征着勇敢，因为野生的雪绒花生长在环境艰苦的高山上，常人难以得见其美丽容颜，所以见过雪绒花的人都是英雄。

从前，奥地利许多年轻人冒着生命危险，攀上陡峭的山崖，只为摘下一朵雪绒花献给自己的心上人，因为只有雪绒花才能代表为爱牺牲一切的决心。

雪绒花的花语是：重要的回忆。

胎教感言：

这是一首旋律简单流畅、节奏明快的乐曲，这是一首表达对祖国爱意的乐曲，听起来既有一点淡淡的哀伤，又有光明与希望。当然不同的人可以听出不同的感觉，孕妈妈可以想象花朵的样子，以欢快的心情来歌唱或是聆听。

妈妈动动脑：猜谜语

猜谜语

1.白嫩小宝宝，洗澡吹泡泡，洗洗身体小，再洗不见了。(打一物)

2.一个老头，不跑不走，请他睡觉，他就摇头。(打一物)

3.白胖娃娃泥里藏，腰身细细心眼多。(打一植物)

4.脱了红袍子，是个白胖子，去了白胖子，是个黑圆子。(打一植物)

5.身穿大皮袄，野草吃个饱，过了严冬天，献出一身毛。(打一动物)

6.会飞不是鸟，像鼠不是鼠，白天躲暗处，夜晚捉害虫。(打一动物)

7.来到屋里，赶也赶不走，时间一到，不赶就会走。(打一自然现象)

8.有时候，圆又圆，有时候，弯又弯，有时晚上出来了，有时晚上看不见。(打一自然现象)

9.啄木鸟。(打一字)

10.池中没有水，地上没有泥。(打一字)

11.从一算起。(打一成语)

12.马路噪声多，都说太讨厌。(打一成语)

搞笑猜谜

1.一片青草地。(猜一种植物)

2.又一片青草地。(再猜一种植物)

3.接着来了一群羊。(再猜一种植物)

4.接着来了一群狼。(再猜一种植物)

5.有一只狼竟然不吃羊！(猜一种海里的生物)

6.又一只狼竟然也不吃羊！(再猜一种海里的生物)

7.羊纳闷了，开始大叫！狼还是不吃羊！(再猜一种海里的生物)

谜底：

1.香皂 2.不倒翁 3.藕
4.荔枝 5.绵羊 6.蝙蝠
7.太阳光 8.月亮 9.鸟
10.也 11.接二连三 12.怨声载道

搞笑猜谜谜底：

1.(梅花)没花 2.(野梅花)也没花
3.(草莓)草没 4.(杨梅)羊没
5.(虾)瞎 6.(对虾)对瞎
7.(龙虾)又聋又瞎

准爸爸不可缺席

监测血压

有的孕妈妈有妊高征，到孕后期水肿得厉害，不仅需要在医院测量血压，平时在家里也需要监测血压。准爸爸要每天定点为老婆测量血压，每天最好分别在早中晚测量三次。如果血压高压超过了140，低压超过了90，就要及时就医了。

经常有孕妈妈之前一切检查症状正常，也没有妊高征的症状，突然测量血压就升高了，一定要及时就医，诊断是不是先兆子痫，及早发现，及早诊治。

第31周 孕妈妈和胎儿身体变化

孕妈妈变化

随着胎儿的增大，子宫内的活动空间越来越小了，胎动也有所减少。这时孕妈妈会感到呼吸越发困难，喘不上气来。子宫底已上升到了横膈膜处，吃下食物后也总是觉得胃里不舒服，因此也影响了食欲。这时最好少吃多餐，以减轻胃部的不适。

现在开始，很多孕妈妈觉得睡眠更加不好，胎动频繁，特别是肚子大了，起、卧、翻身都有些困难，好像怎么躺都不舒服。建议这时最好采用左侧卧的姿势。

这时孕妈妈的乳头周围、下腹及外阴的颜色越来越深，有些孕妈妈身上的妊娠纹和脸上的妊娠斑也更加明显了。

胎儿变化

胎动最明显。

皮下脂肪已形成。

手指甲日渐清晰。

胎儿身长约为35厘米，坐高约为27厘米，体重约1400克。

孕妈妈营养与保健

出现早产征兆怎么办

孕妈妈未满孕周有“见红”并伴有规律性宫缩、持续性下腹痛、下背酸痛、阴道有温水样的液体流出等异常情况出现，即为早产的征兆。

一旦出现早产征兆，孕妈妈先放松心情，卧床观察与休息，休息时最好采取左侧位。补充水分，及时打电话到医院咨询。如果有落红和破水现象，要立即就医。

若使用以上方法经半小时都无好转，应立即到附近设有“新生儿加护病房”的医院就诊，及早接受最完善的检查，确定治疗方案及做必要的处理，缓解早产危机。

孕晚期避免性生活

孕晚期孕妈妈的腹部膨出，腰痛，懒得动弹，性欲减退。此阶段胎儿生长迅速，子宫明显增大，对任何外来刺激都非常敏感。子宫在孕晚期容易收缩，因此要避免给予机械性的强刺激。夫妻间应尽可能停止性生活，以免发生意外。

尤其是临产前4周或前3周时必须禁止性生活。因为这个时期胎儿已经成熟，为了迎接胎儿的出世，孕妈妈的子宫已经下降，子宫口逐渐张开。如果这时性生活，羊水感染的可能性更大。

对于丈夫来说，目前是应该忍耐的时期，只限于温柔地拥抱和亲吻，禁止具有强烈刺激的行为。

轻松胎教方案

一周胎教要点

美学胎教，欣赏美术作品或发现生活中美的事物和人，体会幸福和感动，传达给胎儿。

营养胎教：香菇

香菇具有高蛋白、低脂肪、多糖、富含多种氨基酸和多种维生素的营养特点。此外，香菇中还含有一种一般蔬菜缺乏的麦淄醇，它可转化为维生素D，促进体内钙的吸收，并可增强人体抵抗疾病的能力，对胎儿发育甚为重要，非常适合孕期和哺乳期的你食用。

美食推荐：香菇烧海虹

材料：干海虹150克，水发香菇100克，笋50克，料酒、盐、酱油、水淀粉、植物油、高汤各适量

做法：

1. 海虹用温水泡发、洗净，放入碗内入蒸锅蒸透，取出后择去杂质和硬筋。
2. 香菇和笋洗净切片。
3. 起锅热油，加高汤、料酒、盐、酱油、香菇片、笋片、海红。
4. 烧沸后用水淀粉勾芡，装盘即可。

更多美食选择：香菇烧豆腐、香菇炖鸡、烩双菇、香菇炒菜花。

小窍门：

1. 挑选新鲜香菇时一般以体圆、齐整、质干脆而不碎为好。而优质干香菇则色泽黑亮，伞里面呈金黄色。
2. 香菇清洗应用几根筷子或手在水中朝一个方向旋搅，香菇表面及菌褶部的泥沙会随着旋搅而落下来，反复旋搅几次，就能彻底把泥沙洗净。
3. 泡发香菇的水不要丢弃，很多营养物质都溶在水中，可以用来煮汤，或做其他食物。

孕妈妈动手：有趣的手影游戏

还记得小时候玩的手影游戏吗？动动手指，一个个动物就在灯光下活灵活现，你还可以利用手影给胎儿讲个故事呢。此外，经常活动手指会让大脑得到相应的锻炼，胎宝宝也因此受益。

给胎儿做游戏时，你可以让这些可爱的小动物跃然地上、墙壁上，让它们演绎一个又一个舞台剧。有时，一对小鹿在耳鬓厮磨，有时是大灰狼捕捉小白兔，有时候就是天鹅在优雅地飞翔……给舞台剧配个音，给胎儿讲一个属于你们的童话故事吧。

大灰狼和小白兔

小狗

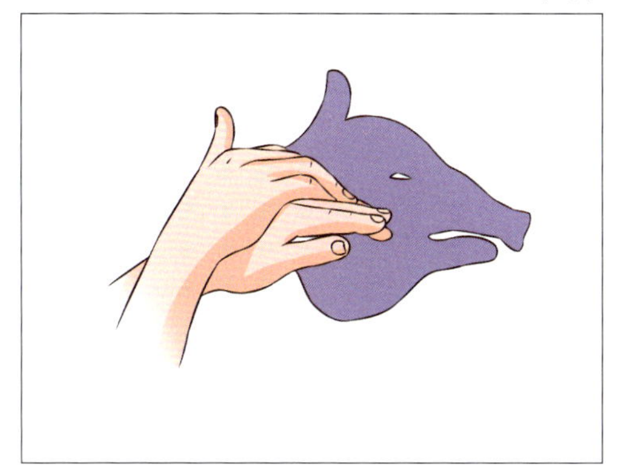

鸭子

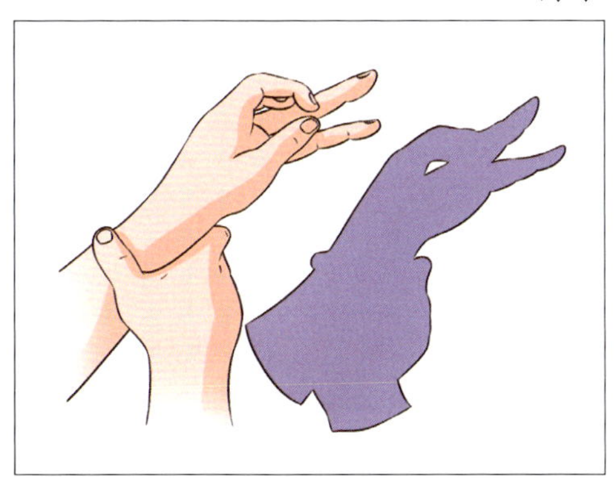

大象

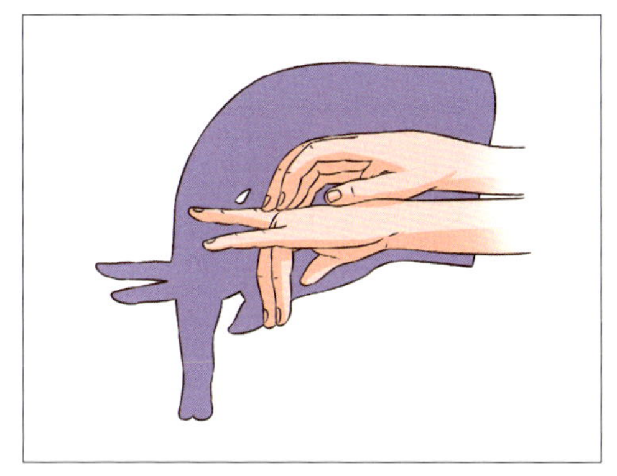

贴心指导

对胎儿说一下你的期望吧，研究表明，如果你经常对胎儿诉说梦想，将促进胎儿向积极的方向发展。

准爸爸不可缺席

布置宝宝房

小宝宝就要到来了，准爸爸要为小宝宝布置一个舒服的宝宝房了。

天花板。最好在入住的前几个月给房间涂上鲜艳的颜色，这样才能保证有充足的时间让难闻的油漆味散尽。

墙面。婴儿房施工中的材料要采用环保型材料，特别是防水涂料、胶粘剂、油漆溶剂(稀料)、腻子粉等。鲜艳的浅色最适宜婴儿房。黄色、蓝色、草绿，这些天然的颜色对宝宝能起到安抚作用。

地板。室内避免选用石材地面，以防宝宝摔倒出现意外。儿童房内不要铺装塑胶地板，市面上的有些泡沫塑料制品(类似于拖鞋材料)，如地板拼图，会释放出大量的挥发性有机物质，可能会对宝宝的健康造成影响。最好选用易清洁的强化地板或免除跌打受伤的软木地板。

饰物。新生儿的视力范围只有20到25厘米，因此最好能在婴儿床和更换尿布区域的上方挂上一些悬挂饰物。饰物的颜色和运动可以提高宝宝对周围环境的注意力。还可以在婴儿床的护栏上装上一面不易摔破的镜子，方便宝宝看到自己的样子。对于新生儿来说，人的面孔无疑是令其着迷的。

电器。婴儿房里若有插座或电器开关，最好是能让它远离宝宝的视线范围(用家具挡住)，超出所能够到的高度；若有使用延长线，最好固定在墙边，而不要散落在地面上。也可以买来电源保护器。

第32周

孕妈妈和胎儿身体变化

孕妈妈变化

在妊娠的最后时期，孕妈妈每周增重500克是较为正常的，因为现在胎儿的生长发育相当快，他(她）正在为出生做最后的冲刺。但是体重增长过多的孕妈妈，应该根据医生的建议适当控制饮食，少吃淀粉类食物，多吃蛋白质、维生素含量高的食品，以免胎儿生长过大，造成分娩困难。孕妈妈现在时常会感到疲劳，因此不要再独自一个人出远门，要服从自己身体的感觉，多休息，适当活动，比如饭后和丈夫一起散散步，或者做一做孕妈妈体操，缓解一下腰背的疼痛。这时一定要坚持每两周一次的体检，如果有头痛、恶心、腹痛、发烧等症状，一定要及时去医院检查。阴道分泌物增多，排尿次数也增多了，要注意外阴的清洁。

胎儿变化

男孩的睾丸正从肾脏附近的腹腔沿腹沟向阴囊下降。

女孩阴蒂已突现。

胎儿身高约为36厘米，体重约为1500克。

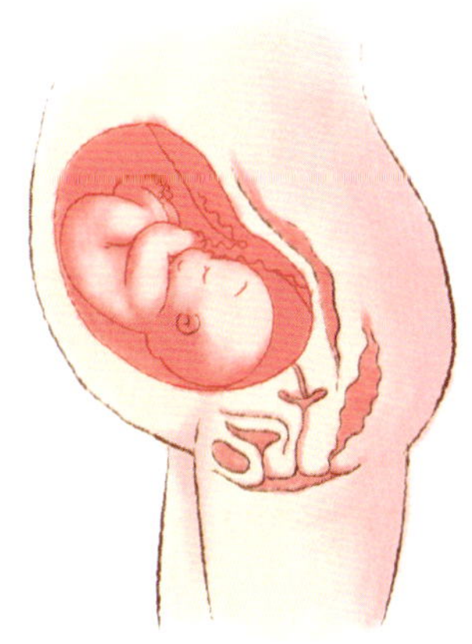

孕妈妈营养与保健

宫缩频繁怎么办

在怀孕的最后两个月，尤其是最后几周里，孕妈妈可能会发生不规则宫缩，表现为肚子一阵阵发硬发紧，这多是假宫缩，不必太担心。

假宫缩无规律性，无周期性，持续的时间短，力量弱，或只限于子宫下部，也不会有疼痛感，且不能使子宫颈张开。临产的子宫收缩有规则性，初期间隔时间大约是10分钟一次，孕妈妈感到腹部阵痛，随后阵痛的持续时间逐渐延长，至40~60秒。程度也随之加重，间隔时间缩短，约3~5分钟。当子宫收缩出现腹痛时，可感到下腹部很硬。

宫缩若每小时次数在10次左右，就可以算作比较频繁了，当假性宫缩频繁时孕妈妈可以通过一些方法缓解：

1 喝1~2杯水，因为脱水可能会引起或加重宫缩，也可以喝一杯温牛奶。

2 发生宫缩时可平卧，闭目养神，用鼻子深吸一口气，然后用嘴缓缓地将气吐出，以放松腹部。

3 改变一下姿势，如果孕妈妈一直站立可以稍微躺会儿；若之前一直坐着或卧着，可以起来走走。

4 如果这些措施依旧不能改善宫缩的痛苦，孕妈妈可以咨询医生，及时去医院，在医生指导下服用一些抑制宫缩的药物，以预防早产的发生。如果有疼痛感，应立刻休息，必要时应及时去医院就诊。

贴心指导

孕妈妈长期处于过度紧张与疲劳的环境下也较容易出现频密的宫缩，压力积攒后也容易出现腹部变硬，孕妈妈最好能做到不要积存压力，身心放松。

轻松应对胃灼热

大约一半以上的孕妈妈在怀孕期间会发生胃灼热的现象，通常在孕中期及孕晚期，胃灼热是感觉上胃部或胸骨下温热或烧灼的症状，会随着弯腰、坐躺卧而加剧，在孕晚期会更明显，多因下食道括约肌压力下降、子宫变大，导致酸性的胃内容物逆流，刺激到敏感的黏膜引起。

孕期胃灼热在分娩后即可恢复正常，若孕妈妈怀疑自己有溃疡、食道狭窄或出血等并发症，做一次内视镜检查是极为必要的。

胃灼热的应对方法

1 遵从少量多餐的原则，不要让胃部过度膨胀，这样也能减少胃酸的逆流。

2 避免一切能够加剧胃酸逆流或会对胃部产生刺激的食物，如油炸食物、咖啡、浓茶、辛辣食物。

3 多吃含维生素C的蔬果，对缓解胃灼热症状有所帮助，如胡萝卜、甘蓝、青椒、猕猴桃等。

4 睡前2小时不要进食，饭后半小时至1小时内避免卧床，睡觉时尽量将头部垫高，防止胃酸发生逆流。

贴心指导

当胃灼热很严重，影响到日常的活动和饮食时，可以服用一些中和胃酸的药物来缓解，不过一定要在医生的指导下使用。

轻松胎教方案

一周胎教要点

语言胎教，胎儿喜欢重复，孕妈妈可以连续几天每天都给小宝宝讲同一个简短的故事或读同样的诗词。

电影胎教：《龙猫》

导演：宫崎骏

编剧：宫崎骏

主演：日高法子 / 坂本千夏 / 岛本须美 / 北林谷荣 / 高木均

语言：日语

片长：86 分钟

胎教引语：

人们在城市里待的时间太长了，许多孩子们都还未见过麦穗的舞蹈，也没有听见过风的歌声，没有体验过坐在木篱上静心倾听的感觉，这是深深的遗憾。

胎教意境：

《龙猫》是一部平静而温馨的电影，这个可爱的生物有着可爱憨厚的外表，它和天真无邪的孩子是好朋友，也和精灵们是好朋友，他们给我们带来了一个简单、奇妙、安详、宁静、从容、细腻的故事，故事里有悠扬的音乐、干净的画面、趣稚的人物，一切都像回到了童真纯净的年代。

“在我们乡下，有一种神奇的小精灵，他们就像我们的邻居一样，居住在我们的身边嬉戏、玩耍。但是普通人是看不到他们的，据说只有小孩子纯真无邪的心灵可以捕捉他们的形迹。如果静下心来倾听，风声里可以隐约听到他们奔跑的声音。”影片中的孩子这样说。

胎教感言：

这是一部适合全家老少一起看的影片，人人心中都有个龙猫，人人心中也都装着自己的童年。

儿歌胎教：《七色光之歌》

太阳，太阳！
给我们带来七色光彩，
照得我们心灵的花朵美丽可爱。
今天我们成长在阳光下，
明天我们去创造七彩世界。
来来来来来来来来……
七色光，七色光，太阳的光彩，
我们带着七彩梦走向未来。
七色光，七色光，太阳的光彩，
我们带着七彩梦走向未来。

胎教引语：

《七色光之歌》是一首传唱不衰的儿歌，这首歌曲调欢快活泼、朗朗上口，是新中国建立以来流传下来的经典儿歌之一。

胎教意境：

这首曲子通俗易懂且朗朗上口，活泼欢快的旋律，充满朝气的歌曲情绪，用儿童的眼睛观察世界，赤橙黄绿青蓝紫七种色彩组合成的斑斓世界,是一个迷人的世界。你听："太阳，太阳! 给我们带来七色光彩……今天我们成长在阳光下，明天我们去创造七彩世界。"

胎教感言：

多姿多彩的生活正在等待着胎儿去体验，去创造，孕妈妈应用欢快饱满的情绪唱歌给胎儿听，让胎儿体会到你的快乐感受和无限期待。

准爸爸不可缺席

和小宝宝玩踢肚子游戏

这是和小宝宝好玩的互动游戏，小宝宝可以感知到爸爸对自己的关注，同时动作训练可以刺激小宝宝的运动积极性和动作灵敏性。当小宝宝踢妈妈肚子时，你要迅速拍打一下被踢的部位，等待一两分钟，小宝宝一般会再踢，这时你再轻拍几下。反复几次后，你试着改变下拍的位置，神奇的是，小宝宝会向你改变的位置再踢。好玩吗？但要注意不要离开原来的位置太远。

可以选择每天晚上胎动频繁时进行，每次玩个几分钟就行了，不要把小宝宝累坏了。

我在飞快地长大

随着胎儿的增大，子宫已经占据大部分腹腔，压迫胃、膈肌，使它们上移，并压迫心脏，使心脏向左上移，引起心悸、气喘、胃胀，没有食欲，排尿也更加频繁。同时还可清楚地感到子宫的收缩，但并不一定感到疼痛。

子宫底的高度28~30厘米。宫底达剑突下，位置最高。

第33周

孕妈妈和胎儿身体变化

孕妈妈变化

如果是初产妇，腹中的宝宝可能转为头向下的姿势，这是在为出生做准备。由于胎头下降，压迫膀胱，孕妈妈会感到尿意频数。还会感到骨盆和耻骨联合处酸疼不适(有的孕妈妈还会感到手指和脚趾的关节胀痛)，腰痛加重。这些现象标志着胎儿在逐渐下降，全身的关节和韧带逐渐松弛，是在为分娩做身体上的准备。

不规则宫缩的次数增多，腹部经常阵发性地变硬变紧。外阴变得柔软而肿胀。产期临近，身体的不适和内心的不安都有所加重，坚持住，你和宝宝很快就会见面了。

胎儿变化

胎儿肺部和消化系统已基本发育完成。

脑细胞显著发育，如果不给予刺激，没有使用过的脑细胞就会消失。

身长增长缓慢而体重增加迅速。

胎儿眼睛能辨别明暗，甚至能跟踪光源。

胎儿身高约为38厘米，体重约为1700克。

孕妈妈营养与保健

自然分娩常识

自然分娩的全过程一般分为三个时期，也就是三个产程，孕妈妈需要了解每个产程的进程及需要的情况，才能够冷静地对待随时可能到来的临产，度过生命中的重要时刻。

第一产程：子宫颈开口期

第一产程是从子宫出现规律性的宫缩开始，直到子宫口完全大开为止。随着子宫越来越频繁，宫缩力量逐渐加强，子宫口逐渐开大，直到扩展到10厘米宽,第一产程结束。

第一产程需要的时间比较长，初产妇需要12~16小时，在此阶段,孕妈妈要保持冷静，尽量忍住疼痛,不要大喊大叫白白浪费体力，可运用学过的呼吸方法缓解阵痛,或者聊聊天、听听音乐、想象小宝宝的样子来转移注意力。

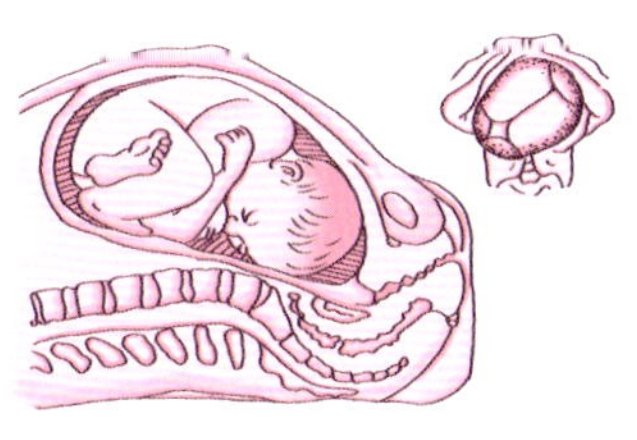

第二产程：胎儿娩出期

宫口开全，胎儿随着宫缩逐渐下降，当胎先露部下降到骨盆底部压迫直肠时，孕妈妈便不由自主地随着宫缩向下用力。约经1~2小时，胎儿从完全开大的子宫口娩出。

第二产程时间最短。宫口开全后，孕妈妈要注意随着宫缩用力。当宫缩时，两手紧握床旁把手，深呼吸憋住，接着向下用力。宫缩间隙，要休息，放松，喝点水，准备下次宫缩时用力。当胎头即将娩出时，孕妈妈要密切配合接生人员，不要再用力下屏，避免造成会阴严重裂伤。

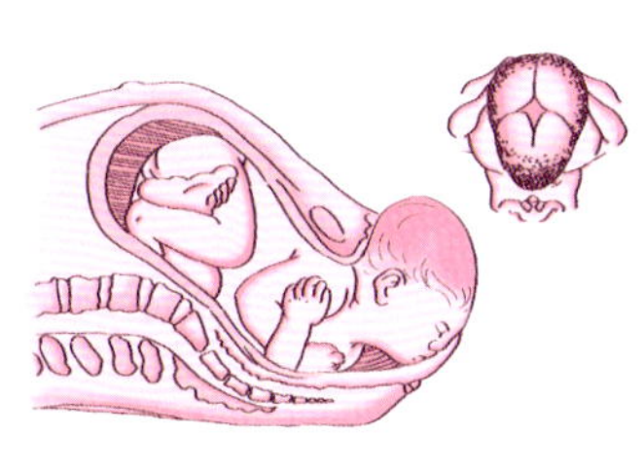

第三产程：胎盘娩出期

胎儿生下后，胎盘及胎膜和子宫分开，随着子宫收缩而排出体外。胎盘娩出时，只需接生人员稍加压即可。胎盘娩出意味着整个产程全部结束。

在第三产程，孕妈妈要保持情绪平稳。分娩后2小时内，孕妈妈要卧床休息，进食半流质饮食补充消耗的能量。一般产后不会马上排便，如果有排便感，要及时告诉医生，排除软产道血肿的可能。如果有头晕、眼花或胸闷等症状，也要及时告诉医生,以及早发现异常并处理。

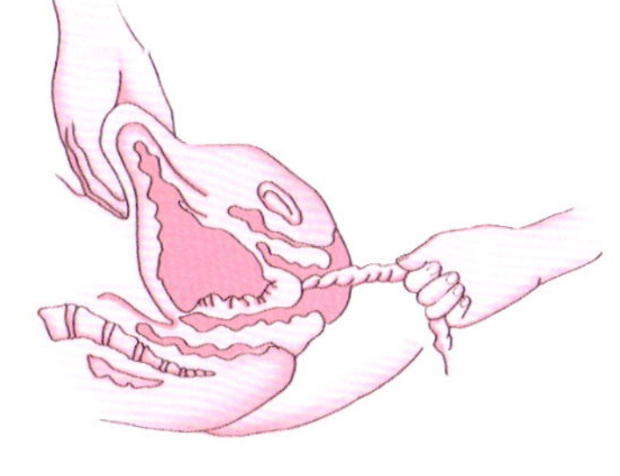

为宝宝囤货

一般在小宝宝出生前好久，孕妈妈就开始给小宝宝囤货了。逛街时，总也忘不了给小宝宝添置吃穿或洗护用品。月份大了行动不便，那也不妨碍孕妈妈们成为网购达人。去论坛看别人的淘货经验，淘宝网、京东商城、当当网，妈妈们的购物欲空前高涨。

那么，在为小宝宝囤货时需要注意什么呢?

吃：准备母乳喂养的孕妈妈可不用过早选购奶瓶、奶嘴、消毒用品和洗洁用品。纯母乳喂养的小宝宝四个月内只需要妈妈的乳汁就够了。准备混合喂养或只喂奶粉的孕妈妈可以备两三个奶瓶，喝水和果汁的水瓶可以选最小的玻璃瓶，方便小宝宝以后自己拿着喝。奶嘴不用备多，需要时再去孕婴店买也来得及，如果买多了，可能因为月份不对用不到就不合适了。奶瓶刷备两个，一大一小，方便清洁瓶体和奶嘴部位。可以备软质的小勺两个，柔软的围嘴两三个。吸奶器不用着急购买，生产后可以根据情况选购。

穿：小宝宝衣服必须为纯棉，不必备多，两三身即可。一般医院的待产包里会有两身，宝宝出院会有一身，亲朋好友也会赠送。小宝宝衣服最好是和尚服，方便穿脱。看宝宝出生的月份准备，冬天家里有暖气的可不用买加厚的保暖内衣。一般一个月时就会带宝宝外出打预防针，用抱毯或抱被包裹即可。不用买棉服或羽绒服。小被子、小帽子待产包里也有，如果孕妈妈自己准备，可以准备一两顶帽子，一两条小被子。小孩子生长飞快，不必准备过多。如果孕妈妈母乳喂养，哺乳文胸和防溢乳垫很有必要。

洗：给小宝宝擦嘴和手，可以准备十来条纱布手绢。小脸盆两个，可以洗脸、洗屁屁。浴盆一个，不要太小，小宝宝可是长得很快的。纯棉浴巾两条，无须太厚，常晒常洗，替换使用。如果要给小宝宝做抚触，可买婴儿油一瓶。婴儿沐浴露买一瓶，有的沐浴和洗发都可以。婴儿护肤的可在出生后视情况再购买，如护臀霜、护肤霜、防蚊虫叮咬的等。

用：囤纸尿裤不要多，医院一般会准备两包，亲朋好友也会有赠送，小宝宝长得很快，买多了有可能造成浪费。而且，也不知道小宝宝会适合什么牌子的，到时候需要比较后再确定是否长期使用。隔尿垫两个以上、湿巾两包，用尿布的话可多准备些，指甲刀或者小剪刀一把，体温计一个。其他的如水温计、消毒锅、爽身粉等可依情况选购。

睡：婴儿床一张，如果想让小宝宝和妈妈同睡的，先不要购买。如果决定让小宝宝独睡，买床不要买太小，宝宝会翻身后会在睡梦中改变睡姿，如果床太窄，会影响小宝宝睡眠。备小被一两条，也可以用抱被当被子盖。如果出生在夏天或冬天家里暖气很足，则不用准备厚被子。

孕妈妈在母爱泛滥时一定要控制自己，理智购物，小宝宝以后用钱的地方多着呢，再说，也没有必要浪费啊!

轻松胎教方案

一周胎教要点

运动胎教，孕妈妈要积极练习有助分娩的呼吸法，平时也要养成散步的好习惯。

营养胎教：鳕鱼

鳕鱼低脂肪、高蛋白，刺少，是老少皆宜的营养食品。鳕鱼具有高营养、低胆固醇、易于被人体吸收等优点，是非常适合孕妈妈食用的健康食品。

美食推荐：鳕鱼羹

材料：鳕鱼肉100克，水发海参半只，鸡蛋2个，干贝3个，葱末、姜末、淀粉、胡椒粉、料酒、盐、香油各适量。

做法：

1 海参洗净汆烫后切块；鳕鱼肉洗净切小块；鸡蛋取蛋清打至起泡。

2 干贝泡软，加一半的葱末、姜末、料酒蒸熟后撕成细丝。

3 锅中加适量清水，大火烧开后加入海参、鳕鱼、干贝、姜末，改小火煮20分钟。

4 加入淀粉勾芡，淋上蛋清，加入葱末、胡椒粉、盐、香油调味即可。

更多美食选择：浮云鳕鱼羹、金丝鳕鱼球、大葱烧鳕鱼、鳕鱼炖豆腐。

小窍门：

1 鳕鱼有几十个品种，常见的是银鳕鱼、水鳕鱼、圆鳕鱼、狭鳕鱼。品质最好的是银鳕鱼，银鳕鱼现在卖的基本都是冷冻切片，看外观的话，肉的颜色洁白，肉上面没有那种特别粗、特别明显的红线，鱼鳞非常密，是一片压一片的那样长的。

2 豆腐含钙量丰富。如果单吃豆腐，人体对钙的吸收率不高。若是将鳕鱼和豆腐配制成菜混合进食，由于鱼肉中含有丰富的维生素D，可使人体对食物中的吸收率提高20多倍。因此，常吃鳕鱼豆腐，有益人体健康。

贴心指导：

鳕鱼是很容易碎的食材，不可用锅铲翻炒，只能轻轻推动以保证鱼肉的完整。

运动胎教：腹式呼吸法

孕妈妈练习腹式呼吸法，可以给胎儿提供足够的氧气。而且多数孕妈妈在孕晚期都有胸闷、喘气困难的感觉，多练习腹式呼吸法，还可以起到缓解不适的作用。

腹式呼吸法正确的做法

1 孕妈妈背部挺直，全身放松，双手轻放在腹部，想象胎儿正居住在一个宽广的空间里。

2 慢慢地用鼻子吸气，直到腹部鼓起为止，吐气时慢慢地将体内空气统统吐出去。

每天练习不少于3次。

贴心指导 孕妈妈最好请专业的医师做示范，以免方法错误。当孕妈妈学会正确的腹式呼吸法后，在生产或阵痛来临时，也可以用腹式呼吸法来进行放松，缓解紧张的心理。

情绪胎教：妈妈多笑胎儿更健康

微笑是给予宝宝最好的胎教。孕妈妈愉悦的情绪可促使大脑皮层兴奋，使血压、脉搏、呼吸、消化液的分泌均处于相互平稳、相互协调状态，有利于孕妈妈身心健康，改善胎盘供血量，促进腹中胎儿健康发育。

每天清晨，孕妈妈可以对着镜子，先给自己一个微笑，可以让你这一天都充满朝气与活力，还可以把这种美好的情绪传达给胎儿。

微笑是孕妈妈的一种心理保健，在遇到烦心事的时候，控制各种过激情绪，提醒自己：腹中的胎儿虽然看不见孕妈妈的表情，却能感受到孕妈妈的喜怒哀乐。然后微笑地去面对，始终保持开朗、乐观的心情。

贴心指导 不仅孕妈妈要常常微笑，准爸爸也要常常微笑，因为准爸爸的情绪常常影响着孕妈妈的情绪。

音乐胎教：《晨曲》

《晨曲》是挪威作曲家爱德华·格里格为他的朋友易卜生创作的一部大型音乐组曲《皮尔·金特》中的第一乐章。

胎教引语：

这首乐曲极富表现力，像是一缕宁静的阳光穿透心灵，朝阳、晨光、薄雾、河流配合着柔和的旋律，在弦乐上跳动，在管乐间流淌，展示着婉转的黎明，非常适合作为胎教音乐。

胎教意境：

乐曲的开始先由长笛吹奏出悠扬美好的晨曲主题，幽静的晨曦中，金色的旭日冉冉升起。短暂的反复后，大提琴表现出一个灰色的乐句，仿佛是乌云的遮挡，叙述出整个主体的矛盾，对喷薄而出的激情的暂时掩盖反而更加突出了背后的希望。

不断上扬的旋律由一个变奏开始渐轻，回到了主题的再现，稍稍地加以变化，增强了配器演绎的空间感，展开了初升的太阳完全跃出地平线的释然之感，希望洋溢在其间，仿佛能看到清晨的浓雾徐徐散去，一轮红日缓缓从地平线上冉冉升起，远方的山野孕育着勃勃的生机，清新空气围绕在你周围。

乐曲篇幅不长，若用心聆听，可以感觉到像是沐浴在海上吹来的平和晨风里，整个人被笼罩在一片阳光中。

胎教感言：

孕妈妈在焦躁不安的时候，不妨静下心来，安静地聆听这首乐曲，把自己置身在一个晨风拂面的早晨，闭上眼睛去感受。那徐徐的微风、冉冉升起的太阳、缓缓流淌着的溪流会帮你赶走心头的紧张与焦虑。

准爸爸不可缺席

做待产准备

临近生产，准爸爸应该时刻处于待命状态，保证老婆随时可以找到你，如果有事脱不开身的话，也可以委托一个亲友来陪伴老婆。

准爸爸还要学会帮助老婆计数宫缩频率，当宫缩时间间隔越来越短，疼痛时间越来越长的时候，就应该考虑马上去医院，特别是在距离医院路程较远的情况下，一定要把时间安排好。

此外，准爸爸可以把紧急时需要打的电话号码和住所等资料做成一览表贴在电话机旁，使老婆在遇到紧急情况时不至于惊慌失措。

第34周

孕妈妈和胎儿身体变化

孕妈妈变化

这时孕妈妈可能会发现脚、脸、手肿得更厉害了，脚踝部更是肿得老高，特别是在温暖的季节或是在每天的傍晚，肿胀程度会有所加重。即使如此这时也不要限制水分的摄入量，因为母体和胎儿都需要大量的水分。相反，令人惊奇的是，摄入的水分越多，反而越能帮助孕妈妈排出体内的水分。但是如果某一天孕妈妈发现自己的手或脸突然肿胀得厉害起来，那就一定要去看医生了。若是初产妇则胎儿头部大多已降入骨盆，紧压住子宫颈口，经产妇的胎儿入盆时间一般要晚一些，甚至有些产妇的胎儿在分娩前才入盆。

胎儿变化

胎儿各个器官继续发育。

胎儿已具备呼吸能力。

能分泌消化液。

皮下脂肪更加丰富，皱纹减少。

身体和四肢继续长大，最终要与头比例协调。

胎儿占据了子宫，胎动受限。

胎儿身高约为40厘米，体重约为1900克。

孕妈妈营养与保健

警惕产前抑郁

产前抑郁症是近年来出现的一种新的孕期心理疾病，是孕妈妈对丈夫产生了一些新的或者不合理的期望，内心的需求没有被满足时，产生各种负面情绪。症状具体表现为情绪低落、极度缺乏安全感。

患有产前抑郁的孕妈妈大多是80后，接近预产期，不少年轻孕妈妈的心理却发生了微妙的变化。有的孕妈妈觉得丈夫对自己的温存减少了，亲昵的举动也仅限于与尚未出世的小宝宝“互动”。因为缺乏安全感甚至怀疑丈夫出轨，情绪变得很低落。还有的孕妈妈在孕期是整个家庭的重心，几个老人都围着转，担心一旦小宝宝出生，重心发生转移，心理产生失落感。自己没有安全感，觉得自己不受重视，缺乏对身边人的信任。

当孕妈妈心理不适时，胎儿也会受到影响。因为母子紧密相连，小宝宝的个性更会受到妈妈心情的牵引。如果孕妈妈仅是偶尔抑郁，很快可以自我调整的话，问题并不大。但如果是一个持续性的发作，孕妈妈自身无法控制这种情绪蔓延的话，那就必须引起重视。

据介绍，孕妈妈在产前患上抑郁症，或是情绪不安，可能导致小宝宝兔唇等问题；孕妈妈的精神状态变化太过于激烈、频繁，更有可能致使大脑皮层与内脏之间的平衡关系失调，造成胎儿死亡。此外，产前抑郁症会导致孕妈妈情绪波动激烈，血液循环、激素影响将会把这种恶劣的情绪进一步传递给尚未足月的小宝宝，给小宝宝后天的智力和情商发育带来很大的负面影响，导致小宝宝性格易怒、孤僻、反叛，智力发育落后，不爱主动沟通交流、不合群，免疫力低易生病。

孕妈妈要怎样做，才能远离产前抑郁呢？专家建议，首先要做的，是让自己放松下来。“有些孕妈妈觉得自己患上产前抑郁，就想着用做家务来充实自己的生活，其实这种做法是不可取的。”专家表示，忙碌会增加孕妈妈的紧张感，不如让自己放松下来，做一些让自己感觉愉快的事情。

孕妈妈排除抑郁的最好做法，就是要将自己的情绪说出来。忧郁是每个孕妈妈都会有的情绪，只有把自己的这种情绪向丈夫、家人倾诉，他们才能给予你想要的安慰。另外，孕妈妈还可以通过补充营养，去缓解这种紧张、忧虑的情绪。核桃、花生、土豆、海产品、蘑菇与动物内脏都是好的选择。富含Ω-3脂肪酸、维生素D和碘等物质的海鲜食品也对缓解抑郁有很好的疗效。

改善胃胀气

胃胀气是孕期常见的困扰之一，在孕晚期，子宫会自然压迫到妈妈的胃肠道，胃肠在受到压迫下，便会影响其中内容物及气体的正常排解,从而引起腹胀、胃胀气。

要缓解胃胀气，孕妈妈平时要避免食用过多产气食物，如豆类、土豆等，太甜或太酸的食物等，每天多喝温开水，少食多餐。同时，日常起居上还要注意：

1 适当运动。适当运动能促进肠蠕动，舒缓胀气情况，建议孕妈妈可于饭后30分钟出去散步，可帮助排便和排气，但不要激烈运动，散步半小时左右即可有较好的效果。

2 按摩。摩擦预热手掌后，采取顺时针方向从右上腹部开始，接着以左上、左下、右下的顺序循环按摩10~20圈，每天可进行2~3次。注意千万不要在用餐后就立刻按摩，同时在按摩的过程中要注意力度不能过大，并要稍微避开腹部中央的子宫位置。

3 保持心情轻松愉快。紧张和压力大的情绪，会造成体内气血循环不佳，放松心情对改善胃胀气是有好处的。孕妈妈可以多做些喜欢的事情，如看书、看电影、做简单的手工等，保持愉快的情绪。

贴心指导

酸牛奶，特别是含双歧杆菌的酸牛奶，能增加肠道中的有益细菌，抑制肠道中腐败细菌的繁殖和生长，对维持肠道内正常细菌的平衡有益，故适当饮用酸牛奶利于肠道内正常功能的恢复，对消除胃肠胀气有益。

轻松胎教方案

一周胎教要点

情绪胎教，警惕产前抑郁，孕妈妈有抑郁倾向一定要及时寻求家人或医生的帮助。

营养胎教：红豆桂圆羹

材料：红小豆500克、桂圆250克、水淀粉、白糖各适量。

做法：

1. 桂圆剥掉外皮，去核，撕成小块；红小豆洗净，清水浸泡1小时。
2. 锅中倒入适量水烧开，加入红小豆煮至开花，加入桂圆和白糖，再次煮开，用水淀粉勾芡即可。

红豆富含蛋白质以及铁质，糖类，具有利尿消肿、增强提抗力的功效

电影胎教：《悬崖上的金鱼姬》

中文名：《悬崖上的金鱼姬》，又名《悬崖上的金鱼公主》

英文名：Ponyo on a Cliff

导演：宫崎骏

编剧：宫崎骏

主演：山口智子/长岛一茂/天海祐希/柊瑠美

影片类型：动画/家庭/冒险

时长：101分钟

语言：日语

胎教引语：

这个动画片是小金鱼波妞为了和喜欢的人在一起而发生的故事，温暖、纯情，没有悬念，只有简单，简单的童年、简单的开心与难过、简单的勇敢。

胎教意境：

金鱼姬是人鱼女王的女儿，名叫波妞，这条可爱的小金鱼喜欢吃火腿，喜欢小男孩宗介，喜欢四仰八叉地呼噜大睡，喜欢将宗介曾经养过她的小水桶挎在小胳膊上……

金鱼姬遇上了自己喜欢的人，他们在一起发生了许多简单快乐的事情，也包括难过、勇敢的事情。

胎教感言：

那些简单而快乐的童年岁月会让人倍感快乐，激起与亲人亲近的欲望。

准爸爸不可缺席

和老婆一起听课

一般妇产医院都有专门为孕妈妈们开办的免费的孕妈妈课堂，讲解一些怀孕和分娩的必要的知识。怀孕时营养膳食如何搭配、一些常见问题的处理办法、临近分娩时辅助分娩的呼吸法和动作要领、如何开奶、如何给新生儿抚触、如何换尿布、如何坐月子等，新手妈妈们很应该系统地了解一下。如果准爸爸可以陪老婆一起去听听课，把一些需要注意的事项拿本子记下来，用相机拍下来，不仅帮助老婆记忆，还能给她莫大的心理支持，让她感到安慰。很多知识也是准爸爸需要了解的，在照顾婴儿和照顾老婆坐月子时不至于手忙脚乱。

听课不必专门去医院，提前了解孕妈妈课堂的课程表，和老婆的产检时间结合起来，产检间隙或者产检后去听课就好，这样就不必频繁去医院了。

第35周

孕妈妈和胎儿身体变化

孕妈妈变化

由于胎儿增大，并且逐渐下降，相当多的孕妈妈此时会觉得腹坠腰酸，骨盆后部附近的肌肉和韧带变得麻木，甚至有一种牵拉式的疼痛，使行动变得更为艰难。在有的孕妈妈身上这种现象可能逐渐加重，并将持续到分娩以后，有的甚至更长，如果实在难以忍受，可以请求医生的帮助。如果对日益临近的分娩感到忐忑不安甚至有些紧张的话，应该努力使自己平静下来，注意休息，养精蓄锐，轻松的日子已经不多了，再享受一下二人世界的安静温馨吧，听听音乐，和丈夫聊聊天。

胎儿变化

胎儿呼吸系统、消化系统发育已近成熟。

生殖器官也已接近成熟。

身体开始变得圆润。

有的胎儿头部已降入骨盆。

有的胎儿长出了一头胎发。

胎儿的指甲已长到指尖。

胎儿身长约为42厘米，体重约2000克。

孕妈妈营养与保健

说说分娩的疼

很多孕妈妈对生孩子的疼痛怀有深深的恐惧心理，有些孕妈妈甚至因此而选择剖宫产。与自然产相比，剖宫产容易出现产妇出血多、身体恢复慢的情况，不利于宝宝头部锻炼。

对分娩疼痛的恐惧其实是一种误会，分娩是十分自然的生理现象，分娩痛是一种生理性疼痛，一般人都可以忍受。由于个体的差异，每个人对疼痛的承受力和感受是不同的，所以有的孕妈妈生完觉得十分疼，这种疼痛感被孕妈妈的恐惧心理强化了，想起来就认为疼痛难忍。

事实上分娩时的疼痛主要来源于以下两个方面

1 来自身体的疼痛。首先是子宫阵发性收缩，拉长或撕裂子宫肌纤维，子宫血管受压等刺激上传至大脑痛觉中枢，从而使孕妈妈感到剧烈疼痛。其次是胎儿通过产道时压迫产道，尤其是子宫下段、宫颈和阴道、会阴部造成损伤和牵拉，导致的疼痛。

2 来自心理的疼痛。孕妈妈紧张、焦虑、恐惧的心理会引起体内一系列神经内分泌反应，而使疼痛加剧。有部分孕妈妈觉得生产达到“痛不欲生”的地步，这与心理因素是有很大关系的。

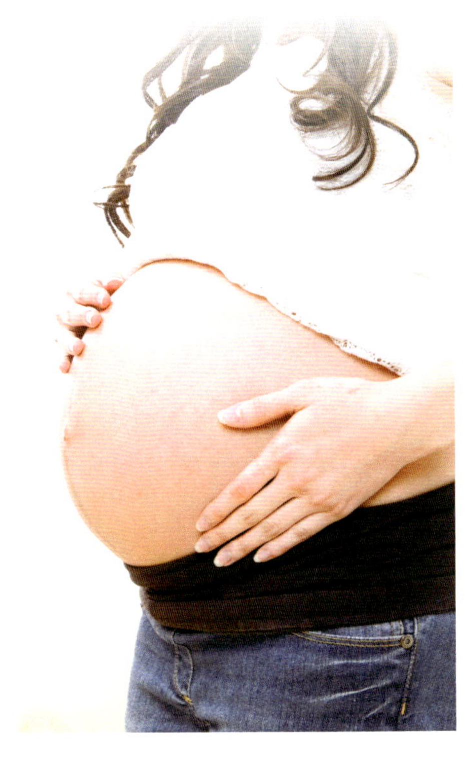

只要对分娩疼痛多做了解，就会知道，疼痛其实是一种很主观的感受，分娩的疼痛也有很大一部分是来自于恐惧心理，心理负担越重，就越害怕疼痛，而且还会把疼痛放得越大。

所以，孕妈妈无须对分娩感到恐惧，否则只会加重疼痛。

贴心指导

为了减轻分娩疼痛，有一种无痛分娩方法。大多数产妇都适合于无痛分娩，但如有妊娠并发心脏病、药物过敏、腰部有外伤史，则应由医生来决定是否可以进行无痛分娩。

胎位和胎位矫正

胎位，就是胎儿在子宫内的位置和姿势。胎儿出生前，在子宫里的姿势非常重要，关系到孕妈妈是顺产还是难产。胎儿浸泡在羊水里，由于胎儿的头部比胎体重，所以胎儿多数是头下臀上的姿势。

孕妈妈的产道，是一个纵行、长而且弯的管道，如果胎儿身体的纵轴和母体的长轴互相平行，叫纵产式。最先进入骨盆入口的胎儿部分，叫先露。如果纵产式的胎儿头在下方，臀在上方，就叫头先露，这样的胎位叫头位。胎儿背朝前胸向后，两手交叉于胸前，两腿盘曲，头俯屈，枕部最低，医学上称枕位的是正常胎位。

如果胎儿头和臀颠倒过来，叫臀先露，这种胎位叫臀位。臀位分6种：单臀位、混合臀位、全膝位、不全膝位、全足位、不全足位。

头位分娩一般比较顺利。不过有些胎儿虽然也是头部朝下，但胎头由俯屈变为仰伸或枕骨在后方，就属胎位不正。分娩时臀部先露的臀位或脚或腿先露，甚至是手臂先露的横位等，便属于胎位不正。

胎位不正容易造成难产，危及胎儿生命。在产前检查时一般可以及时发现胎位不正。发现胎位不正后医生会考虑从外部进行倒转，让胎儿来个180度的翻转，然后用腹带布把腹部包裹起来，维持头位。具体做法是用手在腹壁上摸到胎儿的头后，把头慢慢转到骨盆腔里，再把臀位推上去。这种治疗必须由医生来做，不可自己治疗。如果自己乱来，弄不好会导致脐带缠在胎儿脖子上或发生胎盘早剥。

胎位不正是常有事，而且能够校正，孕妈妈不必心焦、愁闷。即使不能转正胎位也不必紧张，现代医学已经有较先进的方法保障胎儿与孕妈妈的安全，到时可根据医生的安排提前入院待产，由医生确定孕妈妈的分娩方式。

轻松胎教方案

一周胎教要点

情绪胎教，不要过分担心，期盼已久的日子快要到了，孕妈妈不要过分紧张，要调整好心情，储备好体力，为分娩做好准备。

诗词胎教：《锦瑟》

锦瑟无端五十弦，一弦一柱思华年。
庄生晓梦迷蝴蝶，望帝春心托杜鹃。
沧海月明珠有泪，蓝田日暖玉生烟。
此情可待成追忆，只是当时已惘然。

胎教引语：

《锦瑟》是李商隐的代表作，爱诗的人无不乐道喜吟，堪称最享盛名。然而它又是最不易讲解的一篇难诗，自宋元以来，揣测纷纷，莫衷一是。有说是咏锦瑟这种乐器的，有说是悼亡的，有说是自题诗集之首的，有说是怀恋人家婢女的，有说是自伤身世的，有说是悲叹时局的，相互之间差距极大，却又似乎都言之成理，而细究之下，又都持之乏据。于是，有人叹曰："一篇《锦瑟》解人难!"孕妈妈可以反复诵读，体会诗中的意境，也可以查找一些资料，看看都有哪些解析，你认可哪种呢?

胎教感言：

诗未必要缘事而发，诗就是诗本身，不一定非要考察出写作背景来才算是懂。对这首《锦瑟》，既然歧见丛出，难于定一，又不能把诗人拉出来质问，那就不必硬要弄清楚它写的究竟是一件什么事儿，只要能体会到诗本身提供给我们的人生感受和生命体验就够了。

诗歌胎教：《面朝大海，春暖花开》

从明天起，做一个幸福的人
喂马，劈柴，周游世界
从明天起，关心粮食和蔬菜
我有一所房子，面朝大海，春暖花开
从明天起，和每一个亲人通信
告诉他们我的幸福
那幸福的闪电告诉我的
我将告诉每一个人
给每一条河每一座山取一个温暖的名字
陌生人，我也为你祝福
愿你有一个灿烂的前程
愿你有情人终成眷属
愿你在尘世获得幸福
我只愿面朝大海，春暖花开

胎教引语：

海子就如同一位刚刚降临人世的赤子，有着热烈率直的情怀，他对于世俗生活与崇高的精神生活都充满热爱与关怀。

胎教意境：

这首诗以朴素明朗而又隽永清新的语言，唱出一个诗人的真诚善良。抒情主人公想要做“一个幸福的人”，愿意把“幸福的闪电”告诉每一个人，即使是陌生人他都会真诚地祝愿他“在尘世获得幸福”，而诗人则想要住在一个春暖花开的大海上的世界。

诗人想象中的尘世，一切都那样新鲜可爱，充满生机与活力，字里行间透出积极、昂扬的情感，整首诗以淳朴、欢快的方式发出对世人的真诚祝愿。

胎教感言：

诗歌，凝练而细腻，富于想象而讲究韵律，总在不知不觉中触动人们内心深处那最薄弱的一环。孕妈妈若用心去品读，或许就在那一刹那，会恍然领会，领会一直未曾领会的真谛，体味到诗意般的人生。

情绪胎教：静心冥想

冥想时，孕妈妈的压力和紧张感可以得到释放，恐惧、焦虑、忧郁等不良情绪也会慢慢消散，还能帮助孕妈妈开发潜在的心灵智慧，提高专注力和洞察力，让心灵变得纯净起来，并产生新的活力，从而身心变得平和。

在一定程度上，冥想是一种境界，如果孕妈妈能时常静下心来冥想，这将对你保持好心情有很大的帮助，可以使宝宝心情平静，健康生长。

如何进行冥想

1 保持轻松的姿势坐着挺直背部，手心向上，放在膝盖上，轻轻挺起胸部，将脸部稍稍向上抬，闭上眼睛。

2 让自己平静下来，想象一些美好的事物，比如海滩边，看着潮汐进退，配合呼吸，潮汐来了，吸气；潮汐退了，呼气，然后让脑袋逐渐地放空。

3 慢慢地吐气，默默地想象：我现在很舒服，很放松，这种放松的感觉真好，我可以看到紫色的门，这扇门一打开，就可以看到腹中的宝宝。

4 开始时，即使冥想无法顺利进行，也不需要急躁，孕妈妈不妨跟胎儿说一说话，如：宝宝，妈妈好爱你，你要健康地长大，你即将诞生的是一个很快乐的地方等。

怎样做冥想效果更好

1 尽量穿宽松的衣服，有利于身心放松。

2 每天在早晚心情平静的时候进行冥想，每次10~15分钟。

3 排除不良的意识和联想。想象内容十分重要，美好内容的想象无疑会对胎儿产生美的熏陶，内容不佳的想象，则会起到反面作用。所以，你要尽量多想些美好的事情，将善良、温柔的母爱充分地体现出来，通过各方面的爱护促进胎儿的成长。

4 想象的内容可以丰富一些，可以想象和准爸爸恋爱的幸福时光，可以想象将来宝宝的样子，只要这种想象能唤起孕妈妈愉悦的感受就可以。

贴心指导

冥想关键在于静心，不要急于求成，不要期望在很短的时间内就达到预期的效果，急躁的心理反而欲速则不达。

音乐胎教：《渔舟唱晚》

胎教引语：

《渔舟唱晚》是一首颇具古典风格的河南筝曲。音乐响起，孕妈妈闭目静听，和胎儿一起安静地享受音乐带来的片刻愉悦吧。

胎教意境：

乐曲描绘了夕阳映照万顷碧波，渔民悠然自得，渔船随波渐远的优美景象。这首乐曲是20世纪30年代以来，在中国流传最广、影响最大的一首筝独奏曲。

取自唐代诗人王勃《滕王阁序》中“渔舟唱晚，响穷彭蠡之滨”的诗句。乐曲描绘了晚霞辉映下渔人载歌而归的动人画面。乐曲开始，以优美典雅的曲调、舒缓的节奏，描绘出一幅夕阳映照万顷碧波的画面。接着，以音乐的主题为材料逐层递降，音乐活泼而富有情趣。当它再次变化反复时，采用五声音阶的回旋，环绕一段优美的旋律层层下落，此旋律不但风格性很强，且十分优美动听，确有“唱晚”之趣。最后先递升后递降的旋律接合成一个循环圈，并加以多次反复，而且速度逐次加快，表现了心情喜悦的渔民悠然自得，片片白帆随波逐流，渔舟满载而归的情景。这首富于诗情画意的筝曲曾被改编为高胡、古筝二重奏及小提琴独奏曲。

准爸爸不可缺席

克服产前焦虑情绪

“产前焦虑症”不是孕妈妈的专利，少数准爸爸也会出现“产前焦虑”。一定要及时控制它的程度，尽量让自己在短期内克服，充满自信地完成角色的转变。

把焦虑写下来，放在一边。仔细整理思路，把所担心的东西写出来，这时你可能会发现这很可笑，然后就可以把它们扔在一边。在自己的心里，也做同样的动作，把闷闷不乐扔到一边，想点其他的事。

在胎动时，用手摸摸孕妈妈的肚子，感受胎儿的各种动作。这样做有助于让自己体会越来越真实的准爸爸角色，感受胎儿生命的力量。

控制情绪。当你感觉到担心焦虑正渐渐地袭来时，你要想办法让自己更舒服些，比如适当的休息、充足的睡眠、适量的运动等。

多看看孕产专业书籍。你会相信现代的医疗技术很发达，因为孕产给妻子和胎儿带来的风险绝大部分是可以控制的。

学会倾诉。倾诉不是女人的特权，准爸爸也需要通过倾诉来缓解自己的情绪，包括向父母、朋友倾诉自己的担心，这不是没面子的事。

第36周

孕妈妈和胎儿身体变化

孕妈妈变化

此时孕妈妈体重增长已达到最高峰，孕妈妈可能会惊讶于自己的腹部竟然可以长那么大。肚子相当沉重，大得连肚脐都膨突出来，起居坐卧都相当费力。此时上下楼梯时一定要注意安全。

胎儿变化

胎儿身体部分的骨骼变得结实，头骨还很柔软，这是为了分娩时头能顺利通过产道。

胎儿身长约为44厘米，坐高约为31厘米，体重约2200克。

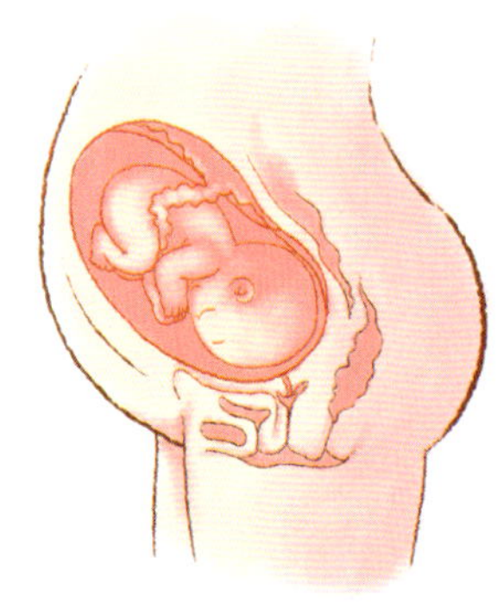

孕妈妈营养与保健

孕晚期待产准备

在即将到来的这一个月里，分娩可能随时发生，孕妈妈提前做好一些待产的准备，那样无论什么时候临产，都不至于措手不及。

联系好住院事宜

为了防止医院的妇产科出现床位紧张等意外情况，孕妈妈最好要提前联系好住院事宜，有备无患。

确定去医院分娩的路线和交通工具

没有人能预测分娩的时间，必须准备一个万全之策，设计好去医院的几种方案，以便在紧要关头能顺利平安地到达医院。

准备好待产包

待产包里的妈妈用品：

衣物。一般待产到生产后出院有好几天，要准备好妈妈的衣裤、帽子和哺乳内衣。

卫生用品。卫生纸最少2卷、产妇卫生巾1包以上。

梳洗用具。尽量备一些小型的、便于携带的洗漱用具。牙膏、牙刷、漱口杯；香皂、洗面奶；洗脸毛巾3条(分擦脸、擦身体和擦下身)，擦洗乳房的方巾2条；小脸盆2个，洗下身的脸盆1个；梳子、镜子、发夹。

点心及巧克力。孕妈妈在宫缩较弱的时候，可以吃一些自己喜欢吃的点心，补充体力。

笔记本和笔。记录阵发性腹痛情况，包括阵发性腹痛时的状况和时间间隔。

待产包里的宝宝用品：

清洁用品。纸尿裤1包、湿纸巾2包、大浴巾和小毛巾各1条、护臀霜1支。

哺乳用品。奶粉、奶瓶、奶瓶消毒器以及供宝宝吃奶、喝水时垫在下巴底下的小方巾等。

衣物。包被、婴儿服、围嘴。

其他物品：

现金、银行卡。两者都需要准备，并提前了解医院的支付方式。

证件。一般办理入院所需的证件包括：准生证、孕妈妈围产保健手册、医保卡、围产期保健卡、献血证(如果孕妈妈以前曾献过血)以及夫妻双方的身份证等。

记录用品。录音机、数码相机等。为妈妈、宝宝拍照、摄像留念，这些都是最有纪念意义的。

贴心指导

不少医院会为产妇准备一些生活用品，在准备入院会用到的东西前，孕妈妈最好先咨询一下医院，以免带去也用不到。

脐带绕颈要紧吗

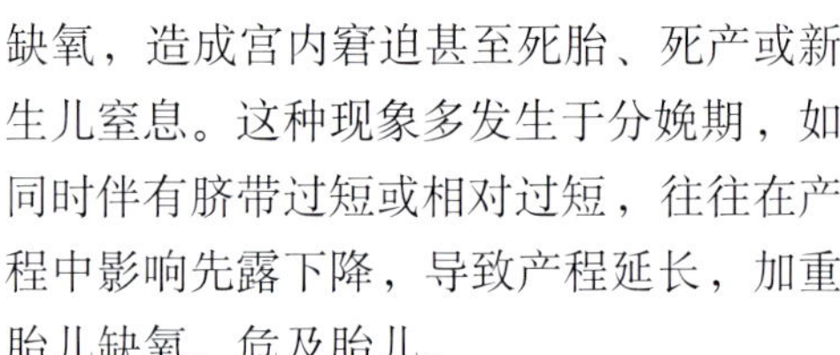

脐带绕颈是产科常见的并发症，它与脐带长度及胎动有关，如胎儿较多地自动回转或外倒转术，都可能导致脐带绕颈。脐带绕颈一周的情况很常见。脐带绕颈松弛，不影响脐带血循环，不会危及胎儿。据有关资料统计：脐带绕颈的发生率为20%~25%，也就是说，每4~5个胎儿中就有一个生下来发现是脐带绕颈的。如果脐带绕颈过紧可使脐血管受压，致血循环受阻或胎儿颈静脉受压，使胎儿脑组织缺血、缺氧，造成宫内窘迫甚至死胎、死产或新生儿窒息。这种现象多发生于分娩期，如同时伴有脐带过短或相对过短，往往在产程中影响先露下降，导致产程延长，加重胎儿缺氧，危及胎儿。

要照顾好胎儿的健康，建议孕妈妈要坚持数胎动，胎动过多或过少时，应及时去医院检查；通过胎心监测和超声检查等间接方法，判断脐带的情况；要注意减少震动，保持睡眠左侧位。

脐带绕颈并非剖宫产指征，但如果脐带绕颈三周以上、影响胎头下降、合并其他剖宫产指征时就要考虑剖宫产了。

轻松胎教方案

一周胎教要点

营养胎教，孕妈妈可以根据口味选择自己喜欢吃的食物，但不要过多地摄入脂肪。

营养胎教：多吃菌类增强免疫力

菌类属于山珍，营养丰富，常见的菌类有平菇、香菇、茶树菇、牛肝菌、杏鲍菇等，含有丰富蛋白质、碳水化合物、维生素、微量元素，孕妈妈多吃可以显著提高机体免疫系统的功能，增加免疫力。

1 菌类中含有丰富的单糖、双糖和多糖，分子多糖可以显著提高机体免疫系统的功能。

2 菌类含丰富蛋白质，蛋白质占干重的30%~45%，大大超过其他普通蔬菜，同时避免了动物性食品的高脂肪、高胆固醇危险。

3 菌类含有多种维生素，尤其是水溶性的B族维生素和维生素C，脂溶性的维生素D含量也较高。

4 菌类中的铁、锌、铜、硒、铬含量较多，经常食用野山菌既可补充微量元素的不足，又克服了盲目滥用某些微量元素强化食品而引起的微量元素流失。

菌类食物口感好，适合做菜或做汤。常见的菌类食物，可以随意与肉类搭配，炖鸡、炒鱿鱼、炒肉丝等均可。个头小、味道甜的茶树菇、杏鲍菇、袖珍菇等最适合炒制；个大、肉厚、味道清淡的菇类则适合炖制，如平菇、百灵菇。

贴心指导

菌类表面有黏液，容易沾有泥沙，清洗前一定要把菌柄底部带着较多沙土的硬蒂去掉，这个部位用盐水泡过也不易洗净。清洗时可在水里先放点食盐搅拌使其溶解，然后将菌类放在水里泡一会儿再洗，或者放在淘米水中洗，这样泥沙就很容易洗掉。

孕妈妈做手工：环保布相框

宝宝出生后会拥有很多照片，用漂亮的相框展示宝宝的照片是最好的了，买的相框大多是冷冰冰的塑料或金属制作的，要让相框充满感情，孕妈妈可以尝试着DIY。

胎教引语：

自己手工制作的相框不仅个性十足，而且含情量高，手巧的孕妈妈还能让相框很出彩，不但孕妈妈自己看着欢喜，胎儿也能体验到手工带来的快乐。

胎教意境：

材料：

相框纸样2个(7寸，内框126毫米×177毫米，外框根据喜欢即可，要硬纸板)，其中一个中间不挖空，保持完整，做底板用

布料若干块(包相框用的布尺寸要大于相框边缘)

铺棉(包裹相框用)

铆钉2颗

步骤：

1 在相框和底板上分别粘胶水，再分别铺上铺棉。

2 将相框放在选好的布上，布的正面朝外，按照先上下、再左右的顺序将布的边缘用胶水粘在相框上。

3 内框的布料剪个大×，按相同方法粘牢，底板也按同样方法粘上。

4 另外剪一块做支架的纸板，按相框方法包裹布料，然后用2颗铆钉固定在底板上。

5 把相框和底板放在一起，缝合3边，留一边放相片。

6 用剩余的布料剪六片圆形布片。

7 将布片对折，缝弧形的一边，缝完一个接着不间断地缝下一个，直到五个都缝完，然后拉紧，就像一朵花了，打上结。

8 将剩下的圆片边缘缝一圈，然后拉紧，塞入棉花，缝到花朵上，就成了一朵完整的花了。

9 将花朵缝在相框上，一个漂亮的相框就完成了。

孕妈妈动动脑：速算

一只青蛙一张嘴

一只青蛙一张嘴，两只眼睛四条腿，扑通一声跳下水。
两只青蛙两张嘴，四只眼睛八条腿，扑通、扑通跳下水。
三只青蛙三张嘴，六只眼睛十二条腿，扑通、扑通、扑通跳下水。
……

这个好玩的游戏可以考验孕妈妈的速算能力，最初几只青蛙应该是不在话下的，但多了可能就绕不过来了，可以叫上准爸爸一起参与，这可能是胎儿喜欢的动脑游戏。

孕妈妈可以准备一个秒表，让全家人都来参与这个游戏，看谁念得最快又不出错，这样趣味性更强。

准爸爸不可缺席

帮助老婆洗澡洗脚

大腹便便，行动不便，洗澡也成了重体力活。孕妈妈蹲下困难，也不能轻易举手用力，洗澡时准爸爸可陪同帮忙。浴室里最好放块防滑垫，以免地面湿滑，孕妈妈不小心出现意外。准爸爸可以帮老婆洗洗头、洗洗背、洗洗腿，既可以缩短老婆洗澡的时间，又能预防出现意外。洗完后帮老婆擦干身体，擦干头发。

孕妈妈自己洗脚比较困难，准爸爸要提醒自己每天晚上打盆温水，给老婆泡泡脚、洗洗脚。

爸爸妈妈我来啦

孕妈妈会感觉好像肚子向下了，呼吸畅快了，其实是胎头向下进入了骨盆腔的入口，虽然看起来肚子不像以前增长得那样快，但子宫对盆腔和下肢的压迫却加剧了，孕妈妈会感到小便频繁，下肢肿胀也较以前明显。耻骨联合因准备分娩空隙变宽，常感疼痛、翻身困难。

一个受精卵经过266大的发育变化长成一个能独立生存的小人儿，这其中离不开母体子宫——胎儿生长的宫殿，以及其他各器官、系统的变化。在十月怀胎的过程中，母体会出现许许多多为适应胎儿生长的变化。了解了这些变化，就有助于我们更好地照顾和护理腹中的胎儿。

第37周

孕妈妈和胎儿身体变化

孕妈妈变化

从本周起至分娩，最好每周进行一次产前检查。

孕妈妈感觉下腹部的压力越来越大，突出的肚子逐渐下坠，这就是通常所说的胎儿开始入盆，即胎头降入骨盆，是在为分娩做准备。

子宫底的位置逐渐下降，这时孕妈妈的肺部和胃部都会觉得松快一些，呼吸和进食也比前一段时间舒畅了，食欲因此也有所好转，吃了食物后胃里也不会那么难受了。

但是行动却日益艰难。由于胎头下降牵拉宫颈，有的孕妈妈会觉得胎儿好像就要掉出来了似的。而且膀胱受到压力，使孕妈妈总有便意，不得不一次次往厕所跑。

阴道分泌物也更多了，要注意保持身体清洁，特别要注意阴道分泌物是否正常，有没有血性分泌物，如果其中带有血迹，就应该马上去医院检查。

胎儿变化

胎儿肺部发育基本完成。

全身已变得圆滚滚的。

听力此时已经充分发育。

胎儿身长约为46厘米，体重约2300克。

孕妈妈营养与保健

自然分娩的诸多好处

十月怀胎过程虽然辛苦，但在收获可爱宝宝的同时，分娩对孕妈妈的身心也都有不少好处。

1 减少子宫内膜癌发生概率。怀孕期间，由于维护胚胎生存环境“稳定”的需要，子宫内膜也暂停了它的周期性剥脱出血，子宫内膜的上皮细胞在月经周期所必经的“损伤”—“修复”—“再损伤”—“再修复”的过程会暂时停止，发生癌变的机会也同时减少了。

2 减少卵巢癌发生概率。怀孕让女性体内产生一种抵抗卵巢癌的抗体，它能有效地阻止卵巢癌的发生。怀孕的次数越多、初次怀孕的时间越早，效果越显著。

3 治疗痛经及月经不调。在孕育宝宝的过程中，女性的身体如子宫、乳房会经过一个再次发育的过程，内分泌也能得到自发的调节，痛经和月经不调都会得到改善。

4 推迟更年期。孕育宝宝的过程会让卵巢暂停排卵，直到哺乳后的第4~6个月才恢复，这期间，大约有20个卵子推迟了排出时间，这会使卵巢的衰退时间推迟，从而可推迟更年期的到来。

5 感觉变得更灵敏。怀孕似乎能提升孕妈妈的嗅觉，甚至味觉。当然，这样灵敏的嗅觉在怀孕初期可能会加剧晨起时的恶心感，但到了后期，却会令孕妈妈倍加享受各种美味。

6 变得更美丽。怀孕期间，绝大多数孕妈妈都会变得容光焕发，更加美丽，产前产后的细心调理会让这种美丽一直延续到生产之后。这是因为孕期女性基础代谢会增加，身体的内分泌能得到更好的调节，雌激素水平高，因而皮肤更光洁、弹性更好。

重视产前密集检查

从这个月开始，孕妈妈需要每周做一次产前检查，除了例行的常规检查外，医生会给孕妈妈做内诊或肛诊检查，了解子宫颈口情况。大多数孕妈妈不愿意接受内诊或肛诊检查，因为会有些不舒服，但是如果医生认为有必要，孕妈妈还是需要配合检查。

接近妊娠尾声，对血压的监测显得更加重要，血压的突然增高可能是妊高征的显现，医生会怀疑为先兆子痫安排孕妈妈入院观察。孕妈妈一定不要忽视血压的测量，还要重视尿检，认真留取尿液，通过尿检可以发现妊高征、糖尿病和尿路感染。

轻松胎教方案

一周胎教要点

情绪胎教，到了这个月份，孕妈妈要平静地等待小宝宝降临的那一刻。分娩是自然而然的事情，是水到渠成，是瓜熟蒂落。

营养胎教：西湖牛肉羹

材料：牛肉250克、冬笋100克、午餐肉200克、香菜末、鸡蛋清、精盐、味精、胡椒粉、香油、水淀粉、鲜汤各适量。

做法：

1 牛肉去筋膜，洗净血水，治成米粒状；冬笋洗净，和午餐肉分别切成米粒状，入沸水锅余至冬笋断生，捞起控干。

2 炒锅置火上，加鲜汤，下牛肉粒、冬笋粒、午餐肉粒，烧沸去净浮沫，加入精盐、味精、胡椒粉调味，慢慢淋入鸡蛋清，用水淀粉勾薄芡，撒入香菜末，淋上香油，起锅装汤碗即可。

补中益气，滋养脾胃

诗歌胎教：《你是人间四月天》

我说你是人间的四月天；
笑响点亮了四面风；轻灵
在春的光艳中交舞着变。
你是四月早天里的云烟，
黄昏吹着风的软，星子在
无意中闪，细雨点洒在花前。
那轻，那娉婷你是，鲜妍
百花的冠冕你戴着，你是
天真，庄严，你是夜夜的月圆。
雪化后那片鹅黄，你象；新鲜
初放芽的绿，你是；柔嫩喜悦
水光浮动着你梦期待中白莲。
你是一树一树的花开，是燕
在梁间呢喃，——你是爱，是暖，
是希望，你是人间的四月天！

胎教引语：

这首诗是诗人林徽因为出生不久的儿子所作，表达心中对儿子的希望和儿子出生带来的喜悦，是一篇极为优秀的诗作。在诗人逝世的时候，金岳霖等好友们共同给诗人题了这样的一副挽联："一身诗意千寻瀑，万古人间四月天。"

胎教意境：

这首诗意境优美，内容纯净，形式纯熟，语言华美，可贵的是，在华美的修饰中清新自然的感情流露出来。这首诗讲求格律的和谐、语言的雕塑美和音律的乐感，完美体现了这一原则，词语的跳跃和韵律的和谐几乎达到了极致。

四月，是踏青的季节；四月，是春天中的盛季；四月，一年中最珍贵的季节，一如初恋转瞬即逝。在这样的季节里，诗人要写下心中的爱，写下一季的心情。

胎教感言：

在得知一个小生命在你的腹中悄悄发芽的时候，你是怎样的心情呢？在不久的将来，你便会是一个真正的母亲，你需要唤起心中的母爱，让它为你打开人生的另一扇门窗。

准爸爸不可缺席

帮老婆战胜分娩恐惧

多了解分娩知识，帮助老婆建立自信。多了解一些分娩知识，然后给老婆讲解，并在她需要的时候给予提醒，告诉她分娩其实是可以控制的，不会出现问题，消除她对分娩的未知感和紧张情绪。此外，准爸爸可以配合老婆练习一些分娩技巧，比如生产时的呼吸技巧、用力技巧、吃东西的技巧等，让老婆对分娩建立自信。

发挥“爱”的力量

爱是准爸爸给老婆最大的支持，这虽然不用特意训练，但会融入生活的点点滴滴。准爸爸学会抚摸、拥抱、亲吻老婆，学会表达你的情感，学会赞美，这些可以成为强大的心灵“止痛剂”。

学会照顾老婆

在临产时不忘提醒老婆要多喝水，注意排尿，适当走动，帮她打理一些日常琐事。相信你的老婆一定是善解人意的，准爸爸的努力会让她更有信心战胜对分娩疼痛的恐惧。

心理暗示

准爸爸经常带老婆去看望漂亮健康的小宝贝们，并引导老婆想象自己家宝贝的可爱样子，通过各种方式给老婆积极的心理暗示，让老婆对自己的分娩充满期待，积极的心理因素可让事态向积极方向发展。

贴心指导：

很多妇产医院和大型综合医院都开设老婆课堂和产前培训课程，准爸爸如果有时间，可以接受一些专业的培训，能更大程度地帮助老婆解忧减痛，让胎儿顺利出生。

第38周

孕妈妈和胎儿身体变化

孕妈妈变化

孕妈妈可能会既紧张又焦急，既盼望宝宝早日降生，又对分娩的痛苦有些恐惧。应该适当活动，充分休息，密切关注自己身体变化，即临产征兆的出现，随时做好入院准备。

胎儿变化

胎儿两个肾脏已发育完全。

肝脏已能处理一些代谢废物。

胎儿身长约为48厘米，体重约2500克。

孕妈妈营养与保健

临产信号灯

为了在分娩前做好充分的准备，我们建议你和准爸爸或者在孕期的最后阶段陪护你的人员，一定要掌握以下临产时信号。

见红

在分娩前24~48小时，阴道会流出一些混有血的黏液，即见红。茶褐色、粉红色、红色都是“见红”可能出现的颜色，出血量明显比生理期的出血量少，一般混合黏液流出，质地黏稠。见红是临产前的一个比较可靠的征象。

一般来说，见红后的24小时内就会开始阵痛，进入分娩阶段。但是实际情况是很多人见红后几天甚至一周后才分娩，个体差异很大，所以如果孕妈妈只是淡淡的血丝，量也不多，你可以留在家里观察，没必要急于去医院；但是如果发现出血量和生理期的出血量相当甚至超出，血呈鲜红色，或者大量涌出，并且伴有腹痛的感觉，这可能是胎盘剥离引起血管破裂而造成的出血，而非分娩先兆，就一定要立刻到医院就诊。

宫缩

宫缩给孕妈妈的感觉就是肚子一阵一阵的发紧发硬，是临产的一个重要特征。

分娩前数周，子宫肌肉较敏感，将会出现不规则的子宫收缩，持续的时间短，力量弱，或只限于子宫下部。经数小时后又停止，不能使子宫颈口张开，故并非临产，称为假性宫缩。

只有到预产期，伴有疼痛的宫缩，才是分娩的先兆。临产的子宫收缩有规则性，初期间隔时间大约是10分钟一次，孕妈妈感到腹部阵痛，随后阵痛的持续时间逐渐延长，至40~60秒。程度也随之加重，间隔时间缩短，约3~5分钟。当子宫收缩出现腹痛时，可感到下腹部很硬。

阵痛

临近分娩，子宫就会开始收缩，把宝宝往产道方向挤压，这样孕妈妈就会感觉到阵痛。

一旦阵痛就表明即将进入产程了。如果孕妈妈是初次生产，那么只要子宫收缩规律达到每10分钟阵痛一次时，就应该入院待产了。有过生育史的话，每15~20分钟阵痛一次时，即要入院待产。如果阵痛的间隔时间突然变短，必须马上与医院联系。

破水

阴道突然流出清亮的液体，包裹胎儿的卵膜破裂使羊水流出，称为破水，稍黏、无色，与尿液相似，有时含胎粪或胎脂，称为“胎膜破裂”。

一般先阵痛才破水，但也有无阵痛即破水。破水发生后，孕妈妈要尽量采平卧姿势，并立刻在家人帮助下入院待产，以免危及胎儿安全。

克服产前焦虑

据调查显示，约有98%的孕妈妈在妊娠晚期会产生焦虑心理，有些孕妈妈善于调节自己的情绪，会使焦虑心理减轻，有些孕妈妈不善于调节，心理焦虑会越来越重。造成这种心理问题的原因有很多，比如没有生产经验、害怕疼痛、担心胎儿畸形、身体不适等，这些因素都会使孕妈妈产生焦虑的心理。

产前心理焦虑的危害

1 焦虑可引起植物神经紊乱，导致产时宫缩无力造成难产。

2 焦虑会使孕妈妈肾上腺素分泌增加，导致代谢性酸中毒引起胎儿宫内缺氧。

3 严重焦虑的孕妈妈常伴有恶性妊娠呕吐，并可导致早产、流产的情况。

4 产前严重焦虑的孕妈妈剖宫产及阴道助产率比正常孕妈妈高一倍。

克服产前焦虑

1 增加对自身的了解，增强生育健康宝宝的自信心。

2 学习一些有关生产的知识，和一些有经验的妈妈们交流一下，讨教一些经验。

3 注意身心调节，纠正对生产的错误认识。生育能力是女性与生俱来的能力，生产也是正常的生理现象，绝大多数女性都能顺利自然地完成。

4 临产前可做一些有利于健康的活动，如编织、绘画、唱歌、散步等，不要因为行动不方便就不活动，就每日在家里静卧，这样只会把注意力集中到对未来的担忧上。

5 有产前并发症的孕妈妈应积极治疗并发症，要和医生保持密切联系，有问题时及时请教，保持良好情绪。

贴心指导

现代的医疗技术已经很发达，即使存在一些胎位不正、骨盆狭窄等问题，也能顺利地采取剖宫产的方式将婴儿取出，能够最大限度地保证母婴安全，所以孕妈妈完全不必为此忧心忡忡。

轻松胎教方案

一周胎教要点

营养胎教，继续补充能量，在分娩前两周，可以吃一些热量稍高的食物，为之后的分娩储备能量。

营养胎教：分娩能量棒——巧克力

分娩时一般产程大约要12~16个小时，临产后正常子宫每分钟收缩3~5次，总共要消耗6200大卡的热量，相当于走完200多级台阶、跑完10000米所需的热量，这些被消耗的能量必须在产程中适时给予补充，以便保持足够的力量来屏气用力，促进顺利分娩。

孕妈妈在临产前吃些巧克力，对孕妈妈和宝宝都是十分有益的。

巧克力营养丰富，含有大量的优质碳水化合物，而且能在短时间内被人体很快消化吸收，产生大量的热能，供人体消耗。据测定，每100克巧克力中，含有碳水化合物50克左右，脂肪30克左右，蛋白质15克以上，还含有较多的锌、维生素B_2、铁和钙等。它被消化吸收和利用的速度是鸡的5倍，脂肪的3倍。

巧克力，体积小，发热多，而且香甜可口，吃起来也很方便。孕妈妈只需在临产前吃上一两块巧克力，就能在分娩过程中，产生出很多热量。

贴心指导

分娩时吃一两块巧克力对于补充能量非常有用，但也不要吃得太过，一般一两块巧克力就足以产生所需要的热量了，而且巧克力吃多了会觉得腻，甚至犯恶心，这对分娩反而会造成不好的影响。

孕妈妈做手工：环保万年历

步入孕期最后一个月了，小天使就要降临人世，接下来的每一天都是重要的一天，从现在开始帮助胎儿倒计时吧，给他（她）鼓励，为他（她）加油，让他（她）知道你的心意。

胎教引语：

万年历是个很实用的工具，购买万年历很方便，但是最漂亮最好的万年历不一定是从百货商店购买的，如果能自己动手DIY，万年历还可以像活字印刷一样，常用常新，十分环保，个性十足。

胎教意境：

材料：瓦楞纸箱、彩色笔数支、图钉、胶水、剪刀

步骤：

1 将箱子拆开，取合适的一面剪成需要的大小，然后用彩色笔画出日历表，标出表示星期的汉字或英文缩写。

2 在第一行没有数字的位置画上一些卡通画或其他喜欢的图案，日历表可按自己的喜好做些装饰，比如画上花边或卡通图案等。

3 取箱子中与制作日历表的面等大的一面，修剪成比日历表宽2~3厘米的大小，粘在日历表的背面，多出的部分露在日历表的上方，然后在露出部分打两个小孔，方便挂放。

4 取纸箱其他部位的瓦楞纸，裁剪成比日历表的日期格子略小的31个等大小方块，用黑色彩笔在方块边缘画虚线，方块中央写上1~31的数字，

5 用胶水将图钉固定在每个小方块背面，然后将日期分别嵌进日历表的相应位置，用绳子穿过小孔，将日历表挂在墙壁上，一个风味十足的日历表就完工啦。

胎教感言：

这不仅是格外有心意的万年历，而且特别实用，因为它能循环使用，只要在每个月第一天，按照标准日历移动一下各个数字的位置即可，非常环保，日后胎儿出生后立刻就能派上用场，为他（她）的每一天计时。

准爸爸不可缺席

彻底清洁，创造舒适环境

为了迎接小生命，是时候对整个居所进行大清理了。犄角旮旯千万别放过，空调、窗帘、床下、沙发下、阳台、婴儿床、婴儿车、小宝宝的衣服和玩具，都应该彻底清洗。小宝宝的衣服可以反复用开水烫一下，清洗几次晾晒干，以去掉衣服上的有害甲醛。空调和窗帘有的家庭很长时间才清洗一次，这可是个不好的习惯。等小宝宝出生后，将会看到一个干净整洁的家，老婆在这样的家里坐月子也会感到舒心的。这可是准爸爸的功劳哦！

第39周

孕妈妈和胎儿身体变化

孕妈妈变化

由于子宫占据了骨盆和腹部的大部分空间，孕妈妈会感到非常不舒服。另外，几乎所有的孕妈妈现在都会感到心情紧张不安，或因对分娩的焦虑，或因对分娩的期待。但是孕妈妈能做的只有放松心情，耐心等待，通过各种方式熟悉产程，了解每一个阶段的身体变化，做到心中有数，做好充分的思想准备。和家人商量一下万一分娩不顺利时该如何处理，以免到时候意见不统一而产生矛盾。

胎儿变化

胎儿在母腹中的位置不断下降。

胎儿体重为2800~3000克，身长约为50厘米。

胎儿身上的胎脂已逐渐脱落、消失。

很多胎儿头发已较长，为1~3厘米。

孕妈妈营养与保健

临产前应该怎么吃

孕妈妈从有规律的宫缩开始到宫口开全，大约需要12小时。生产相当于一次重体力劳动，孕妈妈必须有足够的能量供给，才能有良好的子宫收缩力，宫颈口开全后，才能将孩子娩出。有的孕妈妈不够安静，而且又不吃东西，甚至连水也不喝，这是不好的。如果孕妈妈在产前不好好进食、饮水，就容易造成脱水，引起全身循环血容量不足，供给胎盘的血量也会减少，容易使胎儿在宫内缺氧，还容易导致宫缩乏力、难产、产后出血等危险情况。尤其在炎热的夏天，临产时出汗多，再不好好进食、喝水更容易引起脱水的情况发生，为了胎儿及孕妈妈自己的健康，临产时注意饮食是很必要的。

刚开始时，由于不需要孕妈妈用力，尽可能多吃些东西，积聚力量准备分娩。所吃的食物应以含碳水化合物多的食物为主，因为它们在体内的供能速度快，在胃中停留时间比蛋白质和脂肪短，不会在宫缩紧张时引起产妇的不适或恶心、呕吐。食物应稀软、清淡、易消化，如蛋糕、挂面、糖粥等。

随着生产的临近，多数孕妈妈不愿进食，此时可适当喝点果汁或菜汤，以补充因出汗而丧失的水分。生产时需要孕妈妈不断用力，所以应进食高能量、易消化的食物，如牛奶、糖粥、巧克力等。如果实在无法进食时，也可通过输入葡萄糖、维生素来补充能量。

为了防止因宫缩痛合并腹胀，在临产期不宜过多吃高蛋白饮食，特别是不要多吃鸡蛋和牛奶。

贴心指导

产前不要吃油炸或油腻食物。临产期间，因为宫缩的干扰而睡眠不足，孕妈妈胃肠道分泌消化液的能力降低，蠕动功能也减弱，吃进的食物从胃排到肠里的时间增长，极易存食。因此，孕妈妈最好不要吃不易消化的油炸或油腻食物。

怎样增进与新生宝宝的情感

对于新生宝宝而言，依恋是婴儿和母亲或亲人之间的一种特殊的、持久的感情联结，是婴儿的一种重要的情感体验。它的形成与母亲或亲人经常满足婴儿的需要，给婴儿带来了愉快、安全等的感觉有关，如果没有妈妈的细心呵护，很可能会导致宝宝自闭，因此，让妈妈与新生宝宝尽快建立起甜蜜的情感非常重要。

让宝宝听一听妈妈的心跳

1 有经验的产科医生会在宝宝出生后30分钟内，把宝宝放置在妈妈胸前，这就是为了让宝宝听到妈妈的心跳，让宝宝安心。

2 分娩后的搂抱对母子关系的建立和日后安抚宝宝都有事半功倍之效，宝宝的表情也会因此显得安恬及放松。不管新妈妈此刻是否精疲力竭，都应努力抱持宝宝，让宝宝伏在妈妈胸口睡上一小觉。

3 如果宝宝出生后12小时还没有躺进妈妈怀抱，不仅使宝宝情绪上惶惑不安，也会使新妈妈对“母亲”这一角色缺乏直观的认同感。

给宝宝按摩

给宝宝按摩不仅是父母与宝宝情感沟通的桥梁，还有利于宝宝的健康。婴儿按摩具有帮助宝宝加快新陈代谢、减轻肌肉紧张等功效。通过对宝宝皮肤的刺激使身体产生更多的荷尔蒙，促进对食物的消化、吸收和排泄，加快体重的增长。按摩活动了宝宝全身的肌肉，使肢体长得更健壮，身体更健康。按摩还能帮助宝宝睡眠，减少烦躁情绪。

尽量母乳喂养

母乳是母爱的一部分，当新生宝宝吮吸妈妈的乳房，能让妈妈满胀及疼痛的乳房变得轻松。妈妈就势理一理宝宝的头发，使宝宝感受到爱护与关怀，促进母婴间交流。

多和宝宝说话

即使宝宝不会说话，不了解语言，妈妈所说的话也会不断灌输到宝宝的头脑里，虽然表面上看不出来，但其刺激会对宝宝的脑细胞产生惊人的影响。

妈妈每次给宝宝喂奶、换尿布、洗澡时，都要利用这些时机与宝宝谈话。如“宝宝吃奶了”“宝宝乖，马上就洗得干干净净了”等，以此传递妈妈的声音，增进母子间的交流。

写宝宝日记

写宝宝成长日记，收集宝宝成长的手模、脚模、胎毛笔，都会令你对“新妈妈”这一角色充满发现和惊喜，会令你对宝宝的到来，充满感恩和欣喜。

贴心指导

在与宝宝的交流中，千万不要忽视爸爸的作用。爸爸和宝宝的交流风格常常不同于妈妈。爸爸的拥抱能使宝宝感受到爸爸有力的臂膀是他（她）安全的港湾；爸爸用带有胡楂的脸轻轻地亲亲宝宝，会让他（她）感受到不一样的皮肤触觉，惊人的感情共鸣会渗透在爸爸与宝宝之间。

轻松胎教方案

一周胎教要点

知识胎教，给小宝宝讲讲他出生后的事情，让他对这个他即将来到的世界有个最初的感知。

营养胎教：为体力加分的美味鲜汤

临产阶段，孕妈妈可以通过调整饮食来储备能量，合理的营养将给孕妈妈带来充足的体力，为分娩以至坐月子打好基础。

我们为孕妈妈选择了一款美味的汤，适合孕晚期妈妈的口味和生理需要，孕妈妈可以尝试一下。

孕妈妈应每日摄入1500毫克的钙，同时补充适量的维生素D。

美食推荐：姜枣枸杞炖乌鸡

材料：乌鸡1只，生姜1块，大枣10颗，枸杞子10克。

做法：

1. 将乌鸡宰杀，剖洗干净；大枣、枸杞子洗净；生姜洗净去皮，拍破。
2. 将大枣、枸杞子、生姜放入乌鸡腹中，再将乌鸡放入炖盅内，加水适量。
3. 大火煮开，改用小火炖至乌鸡肉熟烂，加入适量精盐调味即用。

名画欣赏：《向日葵》

胎教引语：

这幅名作是梵高所画，十分有名，名为《向日葵》，是他在最痛苦的煎熬中所倾心绘制的最充满光明的精神追求的作品。这幅作品在1990年的艺术品拍卖行中创造了数千万美元的世界最高纪录。

胎教意境：

1888年，梵高到了法国南方的阿尔，那是一个阳光明媚的地方，柠檬黄色的大火球，悬在蓝得耀眼的天空中，空中充满着令人目眩的光.梵高被眼前的景象惊呆了，面对令人目眩的色彩，产生了强烈的情感，在这种背景下，画家自然地开始用色彩来表现情感，在阿尔炙烈的阳光下，梵高画出来一生中最重要的艺术作品,《向日葵》就是其中之一。

《向日葵》不是传统的描绘自然花卉的静物装饰画，而是一幅表现太阳的画，是一首赞美阳光和旺盛生命力的欢乐颂歌，画家以大胆恣肆、坚实有力的笔触，把向日葵的黄色画得极其刺眼，每朵花如燃烧的火焰一般，细碎的花瓣和葵叶像火苗一样布满画面，整幅画犹如燃遍画布的火焰，显出画家狂热般的生命激情。

胎教感言：

欣赏美好的艺术作品是提升美学修养的重要方法，孕妈妈看懂了这幅画，并在心里理解了，欣赏了，共鸣了，胎儿的感受也同样可以获得升华。

知识胎教：向日葵为什么总围着太阳转

向日葵又叫望日莲，是一个很美的名字，向日葵是俄罗斯的国花，这向往光明之花给人带来了美好的希望。

向日葵向着太阳转的原因

在阳光的照射下，生长素在向日葵背光一面含量升高，刺激背光面细胞拉长，从而慢慢地向太阳转动。在太阳落山后，生长素重新分布，又使向日葵慢慢地转回起始位置，也就是东方，等待太阳升起。但是，花盘一旦盛开后，就不再向日转动，而是固定朝向东方了。

因为花瓣折射的原因，向日葵花蕾内部呈现为橙红色的暖调，再加上黄白色花蕊，显得色彩和谐而又富于生命力。

向日葵的传说

克丽泰是一位水泽仙女，一天，她在树林里遇见了正在狩猎的太阳神阿波罗，她深深为这位俊美的神所着迷，疯狂地爱上了他。

可是，阿波罗连正眼也不瞧她一下就走了。克丽泰热切地盼望有一天阿波罗能对她说说话，但她却再也没有遇见过他。

于是她只能每天注视着天空，看着阿波罗驾着金碧辉煌的日车划过天空。她目不转睛地注视着阿波罗的行程，直到他下山。

每天每天，她就这样呆坐着，头发散乱，面容憔悴。一到日出，她便望向太阳。

后来，众神怜悯她，把她变成一大朵金黄色的向日葵。她的脸儿变成了花盘，永远向着太阳，每日追随他，向他诉说她永远不变的恋情。

准爸爸不可缺席

新生儿护理早了解

与幸福伴随而来的是照顾新生宝宝的麻烦，这可能会让不少准爸爸有些措手不及，不要着急，跟着护士学一点新生儿护理知识，仔细观察护士是如何给宝宝换尿布、给宝宝洗澡、给宝宝穿衣服的，记住要领，不懂的地方就虚心求教吧。多看一些孕婴的书籍，了解一些疾病防治的知识。相信你一定能完美地完成从准爸爸到新手爸爸的角色转换。

贴心指导：

新生宝宝新陈代谢活跃，经常出汗，如果不能天天给宝宝洗澡，那么就一定要经常更换内衣和贴身的衣服，最好每天一换。

第40周

孕妈妈和胎儿身体变化

孕妈妈变化

十月怀胎，一朝分娩，所有的辛苦等待即将结束，期待已久的小生命很快就要投入你温暖的怀抱中。

医生将根据胎儿和孕妈妈的身体情况确定分娩方式，大多数孕妈妈都能自己生下宝宝，即采用阴道分娩，这是最自然、最健康的分娩方式，也有利于宝宝的身心健康。不要因为怕疼或为保持体形而选择剖宫产。特殊产妇应听从医生的建议，选择更为合适的分娩方式。

大多数的胎儿都将在这一周诞生，但真正能准确地在预产日期出生的婴儿只有5%，因为在计算预产期时已包括了合理误差，提前两周或推迟两周都是正常的，不必过于着急。但如果推迟两周后还没有临产迹象，特别是胎动明显减少时，就应该尽快去医院，医生会采取相应措施，尽快使胎儿娩出，否则对胎儿也不利。

要注意避免胎膜早破(早破水)，即还未真正开始分娩，包裹在胎儿和羊水外面的胎膜就破了，羊水大量流出，阴道中的细菌会趁机侵入子宫，给胎儿带来危险。因此要特别注意，孕期的最后阶段一定要避免夫妻生活，避免对子宫的任何压力。

胎儿变化

胎儿各部分器官已发育完成，肺部是最后成熟的一个器官。

胎儿继续在储备着脂肪。

胎儿体重约为3200克，身长约为52厘米。

胎盘为胎儿体重的1/6，紧贴宫壁。

胎儿已成熟为足月儿，随时准备出生。

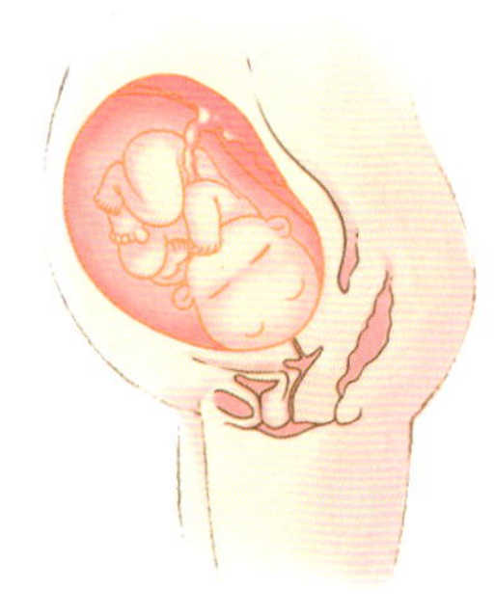

孕妈妈营养与保健

过期妊娠应坚持产检

一般孕前月经周期正常的孕妈妈，如果预产期超过2周以上，孕期大于或等于294天而未能临产，就称为过期妊娠。

过期妊娠的危害

1 过期妊娠时，若胎盘功能良好，可形成巨大儿，使难产的机会增加。

2 若胎盘功能减退，围产儿死亡率增加，较正常妊娠者高4倍。

3 胎儿窘迫、新生儿窒息、新生儿胎粪吸入综合征、产伤以及新生儿低血糖的发生率增高。

4 由于难产情况的增加，从而增加了母体损伤以及产褥感染的机会。

过期妊娠应坚持产检

1 预产期前后，通过做B超检查，了解胎盘的钙化程度及羊水多少，胎盘钙化3级以上为胎儿过熟，提示胎儿过期，要引起注意。

2 如果胎儿胎盘情况尚好，胎儿已经成熟，可于41周后进行引产，特别是对于高龄孕妈妈、患妊娠高血压综合征的产妇以及胎儿过大的产妇。

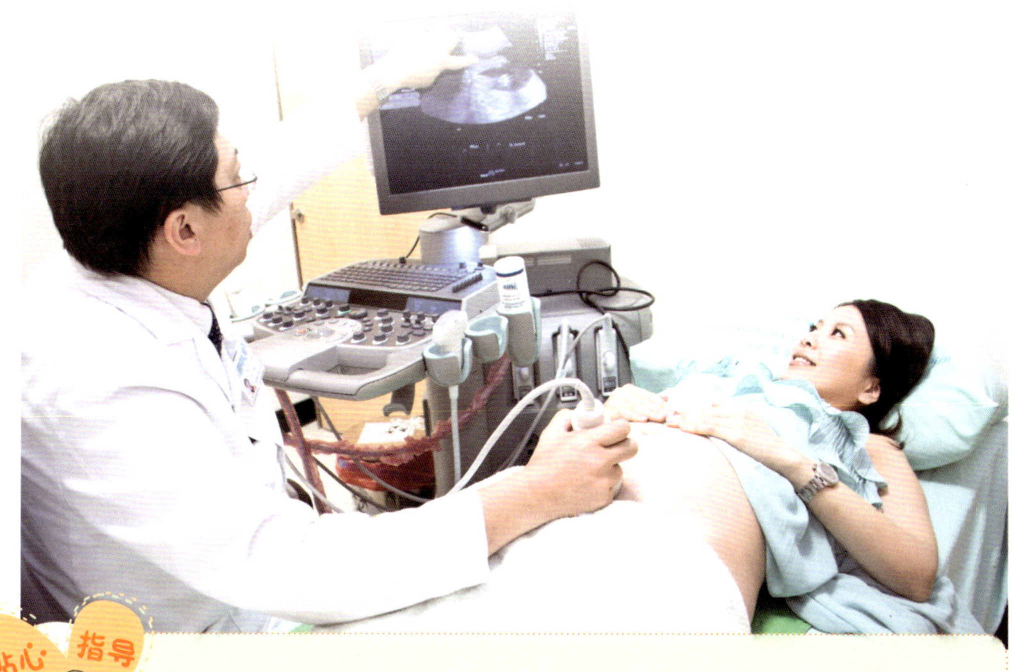

贴心指导

从孕28周开始自己数胎动，一旦胎动明显减少，如12小时胎动少于20次，应立即去医院就诊。

出生后要巩固胎教成果

在胎儿出生后，也不能就此结束胎教，而是应当继续施行相关胎教训练，比如讲故事、听音乐、对话、认识颜色等，如果宝宝出生后得不到胎教内容的巩固，胎教效果会渐渐消失。

巩固胎教成果可给宝宝带来有益变化

接受过胎教的宝宝已经做好了学习和认知的准备，如果你能够给宝宝巩固胎儿期的胎教成果，坚持给宝宝复习以前的胎教内容，这将对宝宝的发育带来有益的影响，你会高兴地看到宝宝每天都在发生令人惊奇的变化。

巩固胎教成功的方法

1 给他读读过的故事，听听过的音乐。把那些在孕期说给胎儿听的小故事，再一次地说给宝宝听，以加深印象，说不定宝宝还会露出满意的表情呢。还有那些胎教音乐，在宝宝出生后，妈妈可以继续放给宝宝听，这样有助于唤醒宝宝最初的记忆。

2 让宝宝看到在胎儿期“看”到的物品。在学习的时候，你不妨将以前的道具拿出来，摆放在宝宝的面前，比如闪光卡片、积木、布书等。宝宝对这些东西也许非常熟悉，这样宝宝在胎内学过的东西有可能会慢慢地反馈回来，也许会做出令你吃惊的反应呢！

3 要记得继续跟宝宝说话。虽然宝宝现在大部分时间都在睡觉，但当他睁开眼睛时，你和老公一定要珍惜这短暂的时间，跟宝宝交流，可以说说你们的心情，也可以说说宝宝已经到来的这个世界，话题不必拘泥，你们那充满欢乐和爱意的声音会使得宝宝很满足、愉悦，还可能唤起宝宝在胎内的记忆，但要记得要像宝宝还未出世时那样跟宝宝讲话。

贴心指导

孕妈妈经常哼唱的歌曲和孕期唱过的一些简短的儿歌，宝宝出生后，可以继续唱给宝宝听，你会发现宝宝听到这个熟悉的声音之后，会表现出对你更加亲近。

轻松胎教方案

一周胎教要点

语言胎教，告诉宝宝更多的东西，和宝宝多对对话，告诉宝宝爸爸妈妈即将迎接他(她)来到这个世界，家庭成员都有哪些，大家都非常爱他(她)。

营养胎教：顺产食物

顺产无论对于孕妈妈还是胎儿都有很多的好处，例如，产后恢复快，生产当天就可以下床走动，产后可立即进食，可喂哺母乳等。

另外，对胎儿来说，从产道出来时肺功能可以得到锻炼，大脑经过产道的压迫会产生积极作用，有利于胎儿脑部发育的完善，并且自然分娩可以在胎儿出生经过产道时压迫挤出羊水，避免新生儿出现湿肺或呼吸障碍等并发症。

所以，建议孕妈妈在条件成熟的情况下选择自然分娩。以下这些助产食物有利于孕妈妈顺产，孕妈妈在产前可以有选择地吃一些。

1 含锌的食物。有关研究表明，孕妈妈分娩方式与其妊娠期饮食中锌含量有关，每天从食物中摄取的锌越多，其自然分娩的机会就越大。锌对分娩的影响主要是可增强子宫有关酶的活性，促进子宫肌收缩，把胎儿挤出子宫腔。肉类中的猪肝、猪肾、瘦肉，海产品中的紫菜、牡蛎、蛤蜊，豆类食品中的黄豆、绿豆、蚕豆，硬壳果类中的花生、核桃、栗子等均含有丰富的锌。

2 含维生素B_1的食物。如果在最后一个月里，孕妈妈维生素B_1的食物不足，容易引起孕妈妈呕吐、倦怠、体乏，影响分娩时子宫收缩，使产程延长，分娩困难，因此孕妈妈多吃含维生素B_1的食物有利顺产。维生素B_1主要存在于种子的外皮和胚芽中，谷类食物一般含维生素B_1较多，但谷类食物碾磨得越精细，维生素B_1的含量就越少；植物性食物中，豆类和花生含维生素B_1最多；在蔬菜中，苜蓿、枸杞子、毛豆的维生素B_1含量较多；动物性食物中，畜肉及内脏维生素B_1很多；干酵母中含维生素B_1最高，每100克为6.53毫克，可以作为治疗维生素B_1缺乏的补充来源。

贴心指导

在最后一个月，孕妈妈的饮食量不需要刻意地增加，按照以前的饮食结构就已经足以为胎儿提供足够的营养，因为这个阶段胎儿的身体发育已经成熟，主要是皮下脂肪在增多，若摄入营养过量，容易使胎儿长得太大，在出生时造成难产。

孕妈妈做手工：自制口罩

自制一些日常用品充分体现了创新、心意、情意，无论为谁做都能体现自己的心意，是独一无二的。

胎教引语

口罩是非常实用的东西，尤其是对孕期的你来说，随身带上口罩，出门就能防尘防菌防病毒，孕早期妊娠反应严重时，如果遇到无法躲避的难闻味道，口罩也能派上用场。

胎教意境

需要准备的材料

大小规格约15厘米×15厘米的表布、里布、辅棉各2片。

表布：外形美观，准妈妈可选自己喜欢的花色。

里布：由于与皮肤直接接触，最好是透气性好且容易清洗的棉布。

辅棉：夹在表布与里布之间，可用一面带有黏胶的，这样制作起来很方便。

松紧带2条，长度约30厘米，也可以选择其他喜欢的绳、花边等。

制作口罩的纸样

制作口罩难度不大，主要是板型的裁剪，以下是口罩的两款板型，案例中使用的是图下方的板型，使用前先确认所需要的尺寸，然后用硬纸板裁剪出来，布料可依照硬纸板来裁剪。

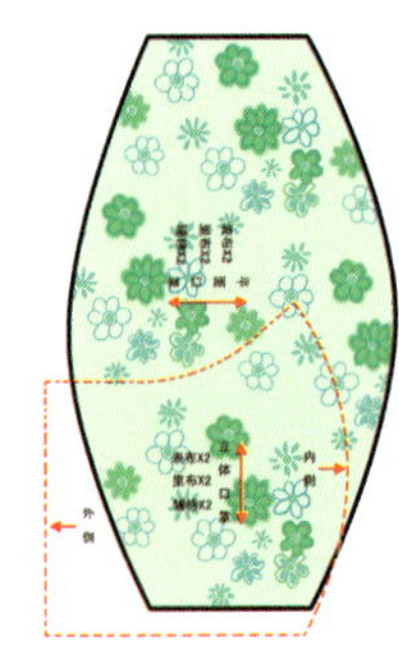

制作步骤

1 根据纸样裁剪表布、里布、辅棉各两片，辅棉不含缝份的尺寸。

2 将辅棉熨烫或粘贴在表布的反面。

3 将表布及里布分别正面相对，正面朝里对齐缝合中线，然后摊平缝合后的表布和里布，正面朝里对齐缝合上下两条边。注意：两端的侧边不要缝合。

4 将口罩翻到正面，用熨斗将上下两边熨平，然后将两侧的边朝里布一边折进0.6厘米左右熨平，之后再向内翻折，翻折的位置刚好落在中间辅棉的边缘上，再将折边熨平。

5 沿着两侧边的折边边缘压线，形成一条通道用来穿松紧带或系带。

6 最后装上带子即可，松紧带可缝合接口，绳、花边可做活动系带。

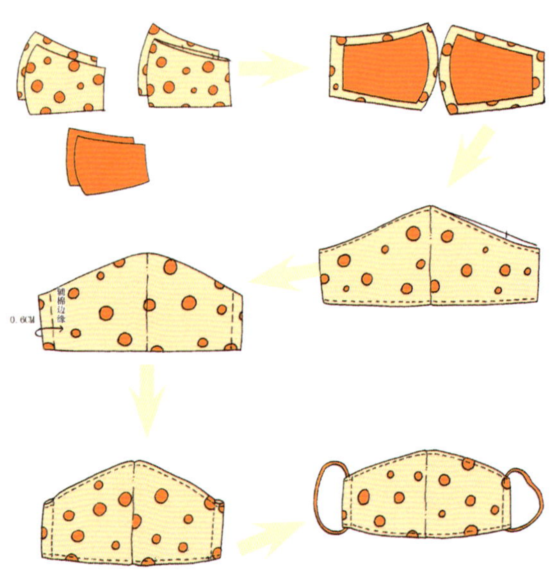

唐诗胎教：《小池》

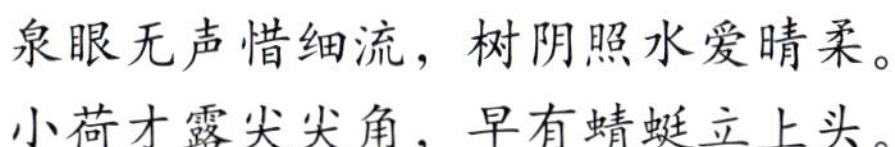

泉眼无声惜细流，树阴照水爱晴柔。
小荷才露尖尖角，早有蜻蜓立上头。

胎教引语：

杨万里(1124—1206)，南宋诗人，是我国古代写诗最多的作家之一。他的诗通俗清新，流畅自然，多以山水风光自然景色为主，他的好朋友曾经幽默地说“处处山川怕见君”。

胎教意境：

这首诗抒发了作者热爱生活之情，通过对小池中的泉水、树阴、小荷、蜻蜓的描写，给读者描绘出一种具有无限生命力的朴素、自然，而又充满生活情趣的生动画面：泉眼默默地渗出涓涓细流，仿佛十分珍惜那晶莹的泉水；绿树喜爱在晴天柔和的气氛里把自己的影子融入池水中；嫩嫩的荷叶刚刚将尖尖的叶角伸出水面，早就有调皮的蜻蜓轻盈地站立在上面了。

生动、细致地描摹出初夏小池中生动的富于生命和动态感的新景象，形成情趣盎然的画面，充满浓郁的生活气息，用来形容初露头角的新人。

胎教感言：

对古诗的理解不能以偏赅全，认为都是深奥难懂的，它们中不缺乏清新自然、平易通俗的，读来生动有趣，高度凝练的语言是适合朗诵的，作为想象的题材也很有意境。

准爸爸不可缺席

教小宝宝认识玩具

孕妈妈一定已经为小宝宝囤了不少玩具，现在准爸爸来教小宝宝认识玩具吧。小拨浪鼓摇一摇，小摇铃晃一晃，还有会叫的小鸭子，有声音动听的电子琴，有发出各种动物声音的小螃蟹，有大肚子一摇就响的不倒翁……准爸爸快来教小宝宝熟悉一下，等小宝宝出生后再和小宝宝一起玩。

图书在版编目(CIP)数据
胎教百科图谱 / 岳然编著. —北京：中国人口出版社，2012.11
ISBN 978-7-5101-1431-1
Ⅰ. ①胎… Ⅱ. ①岳… Ⅲ. ①胎教—图谱
Ⅳ. ①G61-64
中国版本图书馆CIP数据核字(2012) 第243399号

胎教百科图谱

岳然 编著

出版发行	中国人口出版社
印　　刷	北京盛兰兄弟印刷装订有限公司
开　　本	787毫米×1092毫米 1/16
印　　张	16.5
字　　数	200千
版　　次	2013年1月第1版
印　　次	2013年1月第1次印刷
书　　号	ISBN 978-7-5101-1431-1
定　　价	49.90元(赠送CD)

社　　长	陶庆军
网　　址	www.rkcbs.net
电子信箱	rkcbs@126.com
电　　话	(010) 83534662
传　　真	(010) 83515922
地　　址	北京市西城区广安门南街80号中加大厦
邮政编码	100054